クラシックを聴くと良い子が育つ

岡崎ゆみ
ピアニスト

Art Days

クラシックを聴くと良い子が育つ＊**もくじ**

装丁／山本ミノ

まえがき

　私は小さい頃から、ずっとピアニストになることを夢見て勉強を続けてきました。決して順調な道のりだったわけではありませんが、なんとかコンサートピアニストとしてステージに立てるようになり、それからすでに二十年近くが過ぎようとしています。

　私はコンサートではいつも「楽しむ」ことをモットーにしています。もちろん、お客様にも「楽しんで」いただくことを一番に考えています。クラシックピアノの素晴らしい音色で、心をリフレッシュしていただけたら、といつも願いながらステージに立ちます。

　そんな私がひょんなご縁で妊婦さんに向けたコンサートを引き受けることになりました。それまではそんなに深く子供と音楽の関わりを考えていたわけではありませんが、自分自身、妊娠・出産を体験したこともあり、あらためてクラシック音楽の良さ、音楽としてだけではない生活の栄養としての良さを学ぶことができました。

　また、自分の妊娠中に、「生まれてくる子に素敵なクラシックをたくさん聴かせてあげたい。できれば、たくさんの子供たちにクラシックを楽しんで、好きになってもらいたい」と考えるようになりました。それが、乳幼児のコンサートを始めることになったきっかけです。

子育て中のお母さんや周りの方のご意見、そしてコンサートでの子供や保護者たちの反応などに励まされながらコンサートを重ねるうち、小さな子供たちにクラシックを聴いてもらうことには、とてもたくさんの良い点があることを実感しました。また、私なりに「子供と音楽」についてたくさんのことを学ぶこともできました。

どうしてクラシックの音色に心が癒されるのでしょうか? そして、そんな素晴らしい音楽なのに、なかなか聴く人が増えないのはどうしてでしょうか? とても残念なことだと思います。もし、小さい頃からクラシックに親しむことができれば、どれほどその人の人生が豊かになることでしょう。そんな思いをこの本にこめて書いてみました。

付録のCDを聴きながら、この本に書かれたことを感じとっていただければ幸いです。

岡崎ゆみ

序章

妊婦さん&乳幼児のためのコンサート

初めて妊婦さんのためのコンサートに出演

私が妊婦さんのためのコンサートに初めて出演したのは一九九五年のこと。当時私は独身で、結婚願望は強いのに、なぜか負け犬路線を驀進《ばくしん》していました。その時私がピアニストとして所属していたＳＯＮＹ　ＭＵＳＩＣ　ＦＯＵＮＤＡＴＩＯＮでは「妊婦さんと胎児にとってクラシック音楽がとても良い影響をもつ」というコンセプトのもと、定期的に妊婦さんのための「0歳まえのコンサート」を開催しており、独身だったにもかかわらず私に出演の依頼がきました。このコンサートはＳＯＮＹの創業者、故井深大氏の研究をもとにすでに一九八五年から始まっていたものです。けれど、当時はまだ公演数も少なく、一回一回異なる演奏者を起用していました。

お腹の赤ちゃんにクラシック音楽が良い、という情報は漠然と皆さんが知っていることではないでしょうか。「0歳まえのコンサート」のお客様は普段クラシックのコンサートに行ったことがなくて、妊娠したから「行ってみよう」という方が大半です。そんなお客様にコンサートをリラックスして楽しんでいただくにはどうしたらよいか？　通常のクラシックコンサートのように、ただ、舞台に出てきて、アーティストの専門分野のレパートリーを演奏するのでは、堅苦しくてちっともリラックスできないのではないか？　そう考えたSONYは、胎児と母体に良いと思われるプログラムの厳選、そして演奏者に曲間に軽いトークを入れてもらうことを実践していました。

当時、私はテレビの仕事が多く、土曜日の夜十時半から「USAエクスプレス」という番組で歌手のタケカワユキヒデさんとふたりで司会をしていました。そのほかにも「テレビタックル」のコメンテーターとして出演したり、旅番組のレポーターをしたり、「岡崎ゆみのクラシックの森」というラジオ番組のパーソナリティーもしていました。その現場ではたくさんの人に向かって話をすることの難しさを知りました。うまくしゃべれないとプロデューサーから「お嬢様やってるんならさっさと家へ帰れ！」なんて怒られたりして。あとでオンエアを見て、本当に最悪のしゃべりで愕然としたものです。それによって自分でまずいと思ったしゃべりはどうしたら良くなるかを現場で学んでいきました。番組ではギャラをいただいていたけれど、授業料をお支払いしても良かったくらいです。

せっかく学んだトークをピアノコンサートにも生かせないかと、演奏の曲間にトークを入れるようになりました。私は楽しいのが大好きだから、お客さんがくすっと笑えるような音楽話を一生懸命考えてネタ帳にためたりして、トークには力を入れていました。

たとえば、ベートーヴェンの曲を演奏するとき、ベートーヴェンについて少し話してから、こんなネタ。

「知り合いの小学生のお子さんが音楽の試験のとき、流れている曲の題名を答える問題がありました。その子は答えを『エリーゼのくせに』って書いちゃったんです」とか（正解はベートーヴェン作曲『エリーゼのために』）。

たわいないけど、ちょっと笑うとリラックスしますよね。

初めてSONYから妊婦さんのコンサート出演のお話をいただいて、こんなトークを入れながら、なるべく美しいショパンやリスト、ドビュッシーなどのレパートリーを演奏しようと考えたらコンサートはそれまでになく好評でした。SONYからは「岡崎さんこそ、このコンサートにぴったり！」といわれ、以来私が全ての「0歳まえのコンサート」にレギュラー出演することになったのです。

コンサート数もすごく増えて、多いときは日本全国で二十公演近く妊婦さんのためのコンサートを行っていました。でも、私に出産経験がないため、お客様の気持ちが実感できず、すごく引け目を感じていたんです。そんな中、妊婦さんをたくさん見るようになったからか、とっても子供がほしくなってしまい突然結婚。一九九八年、ついに男の子を出産しました。

妊娠がわかったときの喜び、経過の中で出血してしまったときの不安感、毎日大きくなっていくお腹、そして出産、どれもが私にとっては素晴らしい体験でした。臨月まで全国でコンサートに出演しており、その間にも「0歳まえのコンサート」が何度かありました。妊娠後期はお腹もめだち、私がステージに現れるとお客様（妊婦さん）から「わー」と声がもれました。同じ妊婦として共感するような、温かい賞賛の声です。ようやく私もお客様の仲間入りができたような気分になり、とても感激しました。そのときのネタが「私も妊婦です。今、○ヶ月です。今日は妊婦による妊婦のための妊婦のコンサートです」と、リンカーンの演説を拝借していました。お客様から笑いと拍手がもれて、とても幸せでした。

それにしても、決して若くない私が臨月まで、全国を新幹線や飛行機で飛び回り演奏活動を続けられたのは、ひとえにクラシック音楽のおかげだと思います。妊娠中、一番いけないのはストレスをためること、いやな気分になってしまうことだそうです。この本の根源となるテーマは「クラシック音楽には精神を浄化する力がある」ということ。私自身が長年演奏を続けてきて、妊娠を期に初めてそのことをちゃんと実感したのです。

クラシック音楽が「胎児」にいい影響があるなら「子供たち」ひいては万人にいい影響があるのではないか、という考えがコンサートを重ねるうちに私の中で日に日に強くなっていきました。また妊娠を期に、生まれてくる子供に対してあれこれ考えます。「生まれたらこんなことしよう、あんなことしてあげよう」。私が考えたのは、乳児の時期から本物の文化芸術に触れさせてあげることでした。

ところで、乳幼児を対象にした文化芸術イベントはどのくらいあるのかしら？ ネットや情報誌であれこれ探しても、そんなイベントは全然なし！ 見つけたのは、怪獣ショー、キャラクターショー、リトミック、童謡コンサート、紙芝居、ベビー体操、ほか。なんだか、体育系または子供にうけねらいのものばかり。そのとき、ひとつだけよさそうなものを見つけました。「乳幼児のためのクラシックコンサート」。ただし「アマチュア演奏家による」というもの。私はとにかくプロによる本格的な芸術に触れさせたいと思っていたので、これほどまでにそういう催しがないことに愕然としました。

赤ちゃんの時から本物の音楽を聴かせたい

赤ちゃんには素晴らしい美術とか映像とかも見せてあげたいし、なにより本物の生の音楽を聴かせてあげたい。しかし実際にはそんなイベントが皆無。そこで「そうだ、自分でやってみよう」と思ったのです。すぐ実行！　SONYの私の担当マネージャーに詳しく説明して、その後、彼女がすぐに上司のプロデューサーに話してくれました。さらに彼が専務理事に話して、なんとトントン拍子にコンサートの企画が進みました。「私はギャラはいらないから」といったことも、すぐにコンサートが実現したポイントかもしれませんが……。

ほとんどボランティアのつもりで、私にとって初めての乳幼児のためのクラシックコンサートが実現したのは出産三週間前でした。モニターコンサートということで、料金は無料！渋谷区幡ヶ谷にある小さな会場で行うことにしました。それまでずっと「0歳まえのコンサート」にいらしてくださった東京近郊のお客様にDMを出しました。

当初、心配した集客もあっという間に定員いっぱいまでチケットの申し込みがあり、制作サイドではベビーカー置き場や、オムツ換え室など、思いつく必要なサービスを着々と準備しました。

ところが、いい出しっぺは私なのに「いったいどうやったら乳幼児に向けて一時間のコンサートができるのだろう」と頭を悩ませました。まず、通常のコンサートのように静かな客席は期待できない。ガヤガヤした中ではたして演奏がちゃんとできるだろうか？　でも、その問題なら私の集中力を高め、子供の泣き声などを我慢すればいいこと。私は普通のコンサートピアニストと違って、数々のイベントでの演奏もしていたので、うるさいのは大丈夫。パーティーや記念式典などでの演奏のとき、残念ながら、わいわいしゃべっているおじさまを前に何度も演奏してきた経験があります。演奏者としては悲しいのですが、ざわざわしたパーティーでも必ず何人かは熱心に聴いてくださっている方もいらっしゃいます。うるさいからといってふてくされた演奏をするのは、ひとりだったとしてもちゃんと聴いてくださっているお客様に失礼ですもの。だから、子供たちが騒いでも「私は大丈夫！」という確信を持つことができました。

けれど、演奏の中身となると、いったいどんなものを子供に伝えられるのだろう？　それも乳児と幼児、または幼稚園児では全然違うだろうし、騒がしい中で、子供も大人も飽きないような曲目と構成はどんなものだろうか？　ただ演奏を聴かせるのではなく、どんな演出ができるか？　など、頭の中は、迷いや焦りでいっぱいでした。

通常、コンサートを行うにはチケット販売の前にチラシ印刷にかかります。その中にいくつかは演奏曲目を入れなければなりません。とにかく、曲を決めなくちゃ！　そう思ってあれこれ考え、一曲があまり長くなくて美しい曲、また、明るいアップテンポの曲をいくつか選び、手拍子のできる行進曲などもおりまぜました。一緒にいるお母さんのために、本格的な名曲も加えました。そして臨月のお腹をかかえて当日がきました。結果として、初めての乳幼児のためのコンサートは拍手喝采の好評をいただくことができました。そして、いらしたお客様からのアンケート結果を見て、次のコンサートへ向けて改善すべき点、反省点などを猛チェックしたのでした。

初めての「乳幼児のコンサート」のアンケートでは、「会場が二階なので、子供を抱っこして階段を上るのがすごく大変だった」という声がたくさんあり、会場選びはよく考えなければと反省しました。アクセスの良い会場選びもポイントにしました。演奏内容に関しては、「子供と一緒にこんな素晴らしい音楽が聴けるのは本当に良かった」とか「子供が小さいからコンサートに行くのは無理だと思っていたのですごく楽しめた、またやってほしい」などおおむね、好評をいただきました。

さて、結果的に成功裡に終わったコンサートでしたが、SONYはまだまだ本格的にコンサートを世に出すことはしませんでした。もっとたくさんモニターをして改善しよう、ということになった時、おりしも「コープ東京」さんが、顧客に向けてぜひ乳幼児のコンサートをやってほしい、といってくださったのです。会場はコープ東京のオフィスビルの中の会議室。グランドピアノがあって、フラットなスペースでしたが、お母さんたちが赤ちゃんを抱っこして椅子席の前の床に座ったり、子供たちも少し自由に動けるようにしました。コンサートは定期的に行うことになり、SONYのスタッフも私も、最高のモニターの機会だと思って、知恵を絞りました。

一回目は「お母さんがなつかしい曲」をテーマにバイエルやブルグミュラーなど、子供のころピアノを習っていた世代に「ああ、この曲やったことがある」というプログラムを中心にしました。また、別の回は「世界の音楽」ということでイタリア、ドイツ、フランス、イギリス、アメリカなどの名曲を盛り込みました。また、「動物の音楽」をテーマにサン＝サーンスの『動物の謝肉祭』や『子犬のワルツ』といった動物にちなんだレパートリーでかためたりもしました。その時は、なんとSONYのプロデューサーであるK氏がやはりノーギャラでチューバを吹いてくれました。彼はもともと慶応大学のワグネルオーケストラでヴァイオリン、しかもコンサートマスターをつとめていて、いわば半分音楽家。チューバは趣味で始めたそうですが、立派に「おもしろいもの吹くおじさん」としてコンサートをこなしました。彼は私のSONY一枚目のCDを制作した恩人でもあり優秀なクラシックCDプロデューサーでもあるのですが、いきなりちゃんとしたコンサートでアマチュアのチューバを入れるのはどうかと半分不安でした。しかも、重たいチューバの音のイメージから遠い『白鳥』の曲。しかし思いのほか子供たちも興味津々、お母様も普段聴くことができない楽器ということで、結構受けが良かったのです。この経験から、ピアノ以外に楽器出演させることも、ひとつのスタイルとして実行することにしました。

コンサートが始まる前は「きゃー」「わー」と子供の声が会場にこだましているのですが、不思議なことに私が登場してお辞儀ののち、初めの音を鳴らした瞬間に、いっせいに静かになります。これは、百回以上のコンサート経験を経た今でも、毎回必ず同じなのです。全員が目をまん丸にして、ステージに注目します。赤ちゃんでさえ、「一生懸命ステージの方を見ようとしていた」というアンケートも多数いただいています。子供は、本当に良い音に敏感なのだと実感しました。歌のお姉さんのコンサートも何度か行きましたが、お姉さんが歌い始めてもまずまずの注目は集まりますが、私がクラシックのピアノの音を初めて鳴らすその瞬間とは比べ物になりません。とにかく、会場がすべて生のピアノの音に集中するんです。このポジティブな緊張感は必ず子供の興味や集中力のきっかけになると思いました。

そんなわけでコンサートの出だしは好調で初めの三曲くらいはもちます。けれどだいたい十五分くらいたつと飽きがきてしまい、だんだん騒いだり落ち着きをなくしてしまうので、その頃に一回、曲に合わせてリズムをたたいたり、体を揺らしたりできるよう工夫します。たとえば、3拍子のワルツやメヌエットで左右にスイングしてもらいます。これは、赤ちゃんでも軽く音楽に合わせて揺らしてあげられるので、音楽と体が一体化する体験を共有できるんです。または、人差し指を出して曲に合わせて三角形を書く、つまり3拍子の指揮をしてもらったり、子供たちが音楽にのれるような演出を考えました。

そうすることによって一回気分転換してもらい、続けて二〜三曲の名曲を演奏します。そのあと、また飽きてくる頃に、今度は行進曲を演奏します。会場が小さくて、お客様の人数が少ないときには、あらかじめ用意したリズム楽器を子供たちに配ります。裏話ですがこのマラカス、鈴、タンバリンといった楽器はスタッフが100円ショップで大量に仕入れてきたもの。しかも、何度も違うコンサートで使うつもりなので、私が必ず「今からお姉さんたちが楽器を貸して！　あげます！　ひとりひとつずつ貸して！　もらってください」と「貸して」を強調してコメントしなければなりません。

クラシックには行進曲の名曲が多々あります。私が子供のためのコンサートで演奏するのはシュトラウスの『ラデツキー行進曲』やモーツアルトの『トルコ行進曲』。あらかじめ、手拍子やリズム楽器で2～3のリズムのパターンを練習します。「タンタンタン休み」、とか「ター――ンター――ン」とか「タタタタ」または「ターンタンタン」など、シンプルだけれどリズムを引き立たせるようなパターンを子供たちと一緒にたたきます。十分練習したら、いよいよ「じゃあ、私のピアノとみんなのリズムの共演！　よろしくお願いします」といって、行進曲に合わせて配った楽器でリズムのバリエーションを、たたいてもらいます。実際には乳幼児はめちゃくちゃに楽器を振り回しているだけなのですが、実に小さな子でも、楽器が鳴るという不思議な体験に目をまん丸にします。そして、聴こえている音楽とずれていても、その音楽になぞるように一生懸命リズムを刻もうとする姿には、いつも感心させられます。音楽に合わせて自然に足踏みをしてしまう子がいて、「なるほど、足踏みというのはリズムを体全体で感じ取る最高の手段だな」と新しいアイディアをお客さんからもらって、その後、足踏みを取り入れたりしました。そんなわけでコープ東京でのコンサートは大変勉強になり、その後の「未就学児のためのクラシックコンサート」の基礎の部分を構築させていただきました。

子供たちに教えられることは多く、息子が二歳くらいになると息子をモニターにしてあれこれ試しました。当たり前なのかどうかわかりませんが、とにかく息子は音楽が大好きです。テレビのチャンネルがいじれるようになった頃、NHK教育テレビでN響アワーが放映されていました。息子がそれをじっと見ているな、と思って横目に私が見ていましたら、キッチンに走って行きました。息子はキッチンからなんとストローを持ち出して、テレビに向かって振り回しました。画面には指揮者が汗をかきながら陶酔して指揮棒を動かしている姿がありました。音楽がわかっていたのかどうかは疑問ですが、音楽に合わせて指揮者のまねをしている。「なるほど」と感心しながら、私としては「これはステージに使える！」と思いました。

さっそくコンサートでストローを配って指揮をしてもらったところ、なかなか好評でしたが、一部のお客様からストローが子供の目を指さないか不安だと指摘され、しばらくしてストローを配ることをやめて、人差し指、または「赤ちゃんはよかったらお母さんが軽く手を持ってあげてください」と促して指揮をしてもらうように変えました。

このモニターコンサートは結局四回行い、その間にいろいろと勉強させていただきました。また、驚きや発見もいっぱい。小さな赤ちゃんを抱っこしたお母さんが演奏中に突然授乳を始めてしまったこともあります。親子ともとても気持ちよさそうにしていましたから、素晴らしいこととして印象に残っています。でも、このモニターコンサート期間を終えたら、本格的にコンサートホールで開催することを目標にしていたので、ホール内の授乳は無理だろうと考えました。そこでスタッフはオムツ替え室と並行して授乳室を作る案なども加えました。

妊婦さんのコンサートではチェロやフルートなど、しっとりした音色の楽器が人気ですが、子供のコンサートでは、習い事でのヴァイオリン人気があるため、ヴァイオリンが好評でした。もっともアンケートを書いているのはお母さんなので子供にもヴァイオリンの人気が高いかどうかはわかりませんが。ともあれ、子供はなんにでも大きな興味を持つことができます。だんだん大人になっていくにしたがって、なんでもわかっている気持ちになってしまい、新鮮な驚きや感動が薄れていくのでしょうね。しかし素直な好奇心や興味を持つのは何歳になっても素敵なこと。そんな気持ちを持ち続けられる大人になるためにもクラシック音楽は好影響を与えます。

小さな子供のためのコンサートはいいことずくめ。もっとたくさんのアーティストが参加すればいいのですが、私が本格的に始めるまでほとんどそんなコンサートがなかったのは驚きです。でも、これは実は当然といえば当然なのです。まず客席のノイズを我慢できるアーティストがほとんどいません。クラシックのプロ演奏家は、すべての音を最高の質とバランスで奏でることに命をかけています。というか、それがクラシック音楽の基本なのです。そのために日夜血の出るような練習を積みます。そして、クラシックのアーティストは演奏中の集中力が考えられないくらい大きいのです。残念ながらお客様の咳、何かひざから物を落としたり、ひどい時はいびきなど、最高に集中して奏でている時にそういった雑音が混じるのは耐えられないことなのです。あるピアニストのコンサートでお客様がうっかり鍵か何かを床に落としてしまい、わりと大きなチャリーンという音がしました。その音にびっくりした演奏者は手が止まってしまいました。集中力がブチっと切れるのが目で見えた気がしました。ただでさえ、長い作品をすべて暗譜して弾いているので、予期せぬ他からの音に動転してしまったのでしょう。だから、初めから客席が静寂でないとわかっているコンサートに出演しようというアーティストがほとんどいないのは無理のないことなのです。

子育て経験のないアーティストが、子供のためのコンサートをするのも厳しいと思います。一緒にいるお母様がどんな気持ちでコンサートに来ているか、子供はどんなふうに楽しめるか、全く経験がなければひとつのコンサートを構成するのは難しいでしょう。しかし第一線で活躍するアーティストで子育てをしながら仕事を続けている人はとても少ないのです。私の尊敬するピアニストやヴァイオリニストのほとんどが、生涯独身だったり、結婚していてもお子さんがいません。過酷な練習に身を焼き尽くす仕事で第一線にいるということは、なかなか普通の生活が送れないということでもあります。そういう意味では、もし私に子供がいなければ、一生乳幼児のためのコンサートには出演していなかったかもしれません。

コープ東京で行った四回ほどのモニターコンサートがついに終了し、本格的にこのコンサートを世に出すことになったのは一九九九年十一月、おりしも妊婦さんのための「0歳まえのコンサート」の百回記念も重なり、東京オペラシティの大ホールで大々的にコンサートを開催することになりました。とても大きなホールですが、今まで「0歳まえのコンサート」に来場してくださった方々に告知したところ、二〇〇〇人のホールがほぼ満席になったのです。ちょうど、お子さんが生まれた俳優の岡田真澄さんが私との司会進行を、また東京シティフィルハーモニーが共演を快諾してくれました。メインの曲はサン＝サーンス作曲の『動物の謝肉祭』。十四曲のバラエティーに富んだ組曲で、オーケストラとピアノが二台という、大編成。皆さんがよく知っている『白鳥』はこの中の一曲です。本来コンサートでは十四曲通して演奏されるのですが、岡田真澄さんが小さな子供たちのために曲にちなんだ創作童話を曲間に読んでくれました。

コンサートは大成功でした。当初、ずい分心配していたのが二階席やバルコニー席からの転落事故ですが、最前列は販売対象外にしたり、危ない席にはお客様を入れなかったので、特に問題なく終わりました。コンサートホール側も小さなお子さんを入場させるのは初めてなので、打ち合わせの段階で、あらゆるリスクを回避するべく大きな協力をしてくださいました。その後、このコンサートの成功のおかげで全国のコンサートホールから開催の依頼をいただくことになり、出演者として大変幸せを感じました。

いよいよ全国でコンサートを

コンサートの開催をお願いにあがる、いわゆる「営業」はマネージメントの仕事で、私が直接行くわけではありませんが、マネージャーから聞く話ではホールによって乳幼児のコンサートに対してずい分と冷たい反応もあったそうです。正直いって、東京オペラシティのように協力的なホールばかりではなかったようです。東京の、ある人気のコンサートホールではいくら実績と良さを説明しても、ほかのお客様に迷惑がかかるから、とお断りの一点張りだったとか。それでもたくさんの名ホールが心配しながらも開催を許可してくださいました。大阪の「いずみホール」は素晴らしい音響で私が大変気に入っているホールです。ところが、オープン当初は大変オーソドックスな運営で、出演者が楽屋に飲食物を持ち込むことすら禁止でした。あるベテラン有名ヴァイオリニストの方が、飲食禁止に対して「楽屋で飲み物も自由に飲めないでいい演奏ができるわけないでしょっ！」とものすごく怒ったといいます。

その方のおかげかどうかわかりませんが、その後、楽屋で食事をすることが可能になりました。きちんとアーティストの声を聞いてくださるんだな、という印象を持っていましたが、さすがに小さな子供たちがぞろぞろと入場するコンサートに理解をいただけるかどうか、自信がありませんでした。今ちょうど子育てをしている夫婦以外には一般的に「子供は汚くするし、うるさい」というイメージがありますよね。ましてや、素晴らしいシャンデリアに心地よい布張りの客席と最高の音響効果のウッディな壁を持つ「いずみホール」のような所では、ホール側が躊躇するのも当然のこと。ところが、「いずみホール」はこのコンサート開催を最後は快く許可してくださったのです。そして、「今回来てくれた子供たちは、長い年月クラシックのファンになってくれる可能性が大きいですね」と、前向きな感想もいただきました。

だんだん公演回数が増え、家族で来られる土曜日か日曜日に開催し、午前十一時から一時間の「0歳からのクラシック」、そして午後二時から二時間の「0歳まえのコンサート」を開催するパターンで全国を公演しました。あるとき、SONYにニューヨークから電話があり、ぜひこのコンサートを聴きに行きたいと問い合わせがあったそうです。実は皆さんよくご存知のラルフ・ローレン・ブランドからの電話でした。ニューヨークでラルフ・ローレンのコンサルタントをしている方からの依頼で「岡崎さんの乳幼児のためのコンサートが我々のコンセプトにぴったりだから協賛の可能性を考慮して一度聴きたい」と、いわれたのです。

二〇〇二年三月、東京紀尾井ホールで行われた二つのコンサートにラルフ・ローレンのニューヨークと日本の担当者が駆けつけてくださいました。終演後に「本当に素晴らしかった。演奏はもちろん、構成や岡崎さんのトークで客席が本当に感動していましたね。お話もすごく楽しかったですよ」。ついでに「岡崎さんはウチの商品イメージにもぴったりだし」。最後のコメントはお世辞だったかもしれませんが、ラルフ・ローレンが全面協賛して、東京国際フォーラムでのコンサートが行われました。おもにベビー・子供服購買層を対象にするコンサートということでしたが、売り上げを伸ばすことよりも、企業イメージを上げることを大切に考えているとおっしゃっていました。

アメリカ発のブランドですから、「英語」というのもひとつのコンセプトとして入れたいという希望がありました。おりしも私は「日本人の二大苦手は英語とクラシック音楽」と常々思っていたので、とても共感しました。子供のコンサートの方で、英語の歌を入れてはどうだろう、ということになり、ABCの歌、そして英語の手遊び歌を取り入れました。そのころ、NHK教育テレビで「英語であそぼ」に出ていた人気者のクリステル・チアリさんが出演を承諾してくださり、クリスと一緒に司会進行を行い、大変楽しいコンサートにすることができました。クリスはテレビで見ていてもとっても歌のうまい方です。しかし、ピアノの生演奏の伴奏で歌うことは歌手にとって大変力量が問われる作業。クリスはすごく恐縮していて、何度もリハーサルをしました。もちろん、本番は素晴らしい歌を聞かせてくれました。「本当に勉強になりました」と大変謙虚な感想もいってくれました。

ラルフ・ローレン・プレゼンツの妊婦さんのコンサートの方も、東京国際フォーラム、大阪いずみホールともに客席が埋まる盛況でした。少子化のため妊婦さんの人数が大変少なく、乳幼児のためのコンサートに比べて妊婦さんのコンサートはお客様が少ないことが多いので、本当に感動しました。

このラルフ・ローレンのコンサートの成功もまたひとつのステップとなり、ますます公演が増えてきました。午前・午後の二回とも子供のためのコンサートをする公演もありました。通常、コンサートは遅くても二ヶ月前までにチケットを発売開始します。全国の教育委員会や各市町村の文化振興財団などから、コンサートの依頼があるのですが、「発売二日で売切れてしまいました」とか、葉書で申し込みを受け付けるコンサートでは「定員の四倍の応募があり抽選にしました」など、各地で開催するたびにうれしい報告を聞きました。

ただ、私の中にひとつだけ引っかかることがあったのです。それは、SONYの提案で「歌のお姉さん」が出演するようになったことでした。NHKの番組にも出ていた「歌のお姉さん」の最高のプロです。彼女はとっても素敵な人で、二人のお子さんのママでもあり、しばしば私とメル友、今でも仲良しです。それにしてもさすが歌のお姉さん！　子供たちに語りかける声が、もう完全に「歌のお姉さん」。子供たちも、すぐにそのしゃべり方に反応します。やっぱり、高い声で「こんにちは〜〜〜〜っ」といわれると子供たちにとって、身近な感じがするのでしょう。そこで、手遊び歌や童謡を何曲か歌います。初めはそれも「いいかな」と思っていたのですが、「ん？　そうだ。私の初心は小さいときに本格的なクラシック音楽を楽しく聴かせるということだったんではないか」という疑問がわきました。スタッフにもそのことを伝えたのですが、とにかくお姉さんが出てくることで、公演をする側はすごく楽になるのです。

そこで、私の方からあまり童謡童謡したものではなく、『山の音楽家』（ドイツ民謡）とか、『ドレミの歌』など、クラシックに近いものにしてほしい、とお願いをしました。そうして何回かのコンサートが続きました。それでも、お姉さんから私の演奏につなぐのが、どうしてもしっくりこないのです。「歌のお姉さん」特有の歌い方がクラシックに合わないのは仕方のないことですが、本格的なソプラノ歌手の歌を子供たちに聴かせてあげたい、訓練と努力によって高められた芸術的な歌声というものを知ってほしいという思いがどんどん強くなってきました。

そんなころ、大手広告代理店をやめてPR会社を経営し始めた古い友人から久しぶりに電話をもらいました。何年かぶりに会うことになり、お茶を飲みながら、お互いの今の活動などを話しました。私は「クラシックの素敵な曲をピアノのみでなくヴァイオリンとチェロと一緒にピアノトリオを演奏している」ことと、「クラシックの音色で珠玉の映画音楽を演奏している」ことや「未就学児と妊婦さんのためのコンサートをしている」ことを話しました。数日して「もう少し子供と妊婦さんのコンサートについて聞きたいんだけど、実は興味を持ってくださっているスポンサーさんがいるんだ」との連絡をもらいました。

こういうお話は十いただいて、一決まればいいほう、というのが業界の常識です。同時に十全ての企画に対して誠心誠意できる努力はどんなことでもするべきなのです。期待はしていませんでしたが、誠意を持ってコンサートに対する思いや、今までの実績、今後やりたいことなどをお話したら、とんとん拍子で二〇〇四年の夏から秋にかけて全国で二十公演のツアーを行うことが決まったのです。スポンサーは和光堂株式会社です。創業百年の間、粉ミルクやベビーフードを中心にプロダクツを世に提供している会社で、「おしぼりウエッティー」「牛乳屋さんのコーヒー」「シッカロール」など、多くの商品名が知られています。子育て中の人にはとても親しみのある和光堂がスポンサーを引き受けてくださったことは私にとって本当に嬉しいことでした。七月に最初の公演をするのに、もうすでに三月だったので、慌ただしく広告代理店の方や制作会社との打ち合わせ、スポンサーさんへのごあいさつなどを経て、コンサートツアーの準備が着々と進められました。

夢であった、「ソプラノ歌手」の研ぎ澄まされた歌声も取り入れることができ、ついでに子供たちのコンサートでは、クラシックの発声法のレッスンをやってしまおう、と考えました。ソプラノが歌うメロディーを客席の子供たち・パパ・ママが復唱する方法を使って、発声と音感の双方を刺激するパートをコンサートの中ほどに作りました。未来のママたちのためのコンサートでは企画者の提案で「日本マタニティビクス協会」からインストラクターを招いて二時間のコンサートの真ん中、休憩時間後に妊婦さんが気軽にできるマタニティビクス（妊婦さんのための軽いエクササイズ）を披露し、客席のお客様はすわったままできる運動で体を動かしました。また、ふたりのお子さんがいるヴァイオリニスト（私の音楽高校・芸大を通しての友人）にも、ヴァイオリンの音色をたっぷり聴かせてもらいました。

全ての構成がとてもうまくできて、私としては満足できる内容でした。毎回のコンサートでお客様にアンケートをとるのですが、いくつかの公演が終わったところでアンケートを集計した所、本当にびっくりするくらい好評をいただいて、スポンサーもとても喜んでくださいました。

実は、二十もの公演のツアーをするのは初めてで、同じプログラムをいつも新鮮な気持ちで演奏できるか、また、秋の台風などで公演が不可能になる日ができてしまわないかなど、色々と不安もありました。しかし、場所が変わるとお客様も違う、という当たり前のことを新鮮に感じて、どの公演でも良い演奏ができたと思います。このことは、とても勉強になりました。公演が毎日続くのではなくて、毎週土日曜日だったことも新鮮さを失わないでいられた理由かもしれません。また、夫が週末の公演のたびに息子と一緒に楽しく過ごしてくれて安心して仕事に出かけられました。最終便の飛行機・新幹線などに乗って日曜日の夜遅く帰宅することが多かったのですが、夫が夜食のおにぎりを用意してくれていたりと、彼の協力にはとても感謝しています。

こうした、たくさんの方の応援のおかげで、全国の妊婦さんや子供たちに楽しんでもらえるコンサートが開催できるようになったのです。

第1章

お腹の赤ちゃんにもクラシックを

胎児は音を聴いている

初めての子供が生まれる前に、「こんなこと一緒にしよう。こんな習い事もさせたいな。音楽、そう楽器も何かひとつ習わせたいし……」こんな風に思った方は多いのではないでしょうか？　私が全国で公演している妊婦さんのためのコンサートに来る方の多くは、「クラシックはとても良い胎教になるから」と考えて来てくださっています。実際にクラシック音楽は胎児にとても良い影響を与えます。のちほど詳しくお話しますが、クラシック音楽が胎教に良いのは胎児の耳に入っているだけでなく、お母さんの心をとても良い状態にすることができるからです。その良い状態のお腹で赤ちゃんが聴いたクラシック音楽は、生まれてからもパターンとして脳に残り、子供の成長時期にとても良い影響を与えます。

かといって、クラシックさえ聴いていればいい子が育つかといったら、もちろん大間違い。クラシックを聴いた子が、成長にとても良い影響を得ているとすれば、子供の頃から専門家のレッスンを受けながらプロの道を選んで芸大に進んだ人たちがすごく人間的に素敵になっていることになります。が、せっかく素晴らしい音楽に溢れた環境を親に提供されてきたのに、残念ながらそうとも限りません。

東京藝術大学に私が入学してわずか八日目のでき事。休み時間に私は高校からの同級生やソルフェージュ教室での顔見知りなどとロビーで談笑していました。楽しい話を聞いていて、私は笑顔のまま顔を別の方向に向けたところ、まったく知らない男子学生から「こっち見て笑わないでください」といきなりいわれて、絶句していたら「僕の顔を見て笑わないでください」……。「誰があんたの顔見て笑うのよっ！」って思わずいいそうになりました。実際に声に出してはいいませんでしたけど、なんだか気分の悪いやつです。それが初めての藝大奇人の洗礼でした。その生徒はクラリネットか何かを専攻していて、間違いなくオタク。いい音楽を聴いて育ったはずなのになんでこんないやみで最悪なキャラクターができちゃうんだろうと愕然としました。

その答えは、彼に代表される専門的な教育を幼少からさせられてきた子供たちは、多分日ごろの子供らしい遊びや、一般的な学びも犠牲にして、時間を全て訓練に使ってしまった最悪の子供時代を過ごしていています。遊びたいさかりにガリガリと練習ばかりしていて、社会性を身につけそこねてしまったというもの。

他にも大学では実にたくさんのタイプにお目にかかりました。「いつもしかめっつら」とか、「他人がミスタッチをすると、口を塞ぎながら嘲笑する」とか、「下手な生徒を露骨にバカにする」とか。藝大に合格してから三ヶ月後、初めての学内演奏試験を楽しみにしていた私に、同級生同士で嘲笑している姿は信じられないくらい醜いものでした。なんか、とんでもないところに来てしまった、という印象でしたが、だからといってこんな歪んだ人々ばかりではありません。心から素敵だと思う同級生もたくさんいました。卒業して二十年以上経つ今思うと、性格の良かった人は現在でも活躍しています。同期で押しも押されもせぬ本格的女流ピアニストになったKさんは、学生の頃から人の悪口は絶対いったことがないし、いつもニコニコしていて、よく高い声で私のことを「ゆ～み～」と呼んでいました。彼女は本当に子供の頃から天才的にピアノがうまくて、十歳ちょっとでポーランドのオーケストラと共演したり、もちろん我が学年でもダントツにうまかったです。

藝大は自分が一番だと思う人の集まりですが、私の学年だけはKさんがあまりにもうまかったので自称二番が十人くらいいました。演奏は弾き手の人間性がはっきりと表れます。最終的にがつがつせずにトッププレイヤーになっている人は人間的にもチャーミングな人が多いようです。そうでない人たちとは今まったくお付き合いがありませんからどうなっているのかわかりません。あまり名前を聞きませんから第一線では活躍していないのでしょう。今では社会に出ているでしょうから、学生時代より少しは良識を身につけて、社会に適合して幸せに暮らしているといいのですが。

誤解のないようにいいますと、私は決して同胞の悪口をいいたいのではありません。専門家はみな変だ、ということでもないのです。ただ、せっかく素晴らしいクラシック音楽を子供の頃から聴いていても、育つ環境に間違いがあれば人間的に良い成長はおこりません。自然な雰囲気の中、子供と一緒に親御さんがクラシック音楽を楽しんで聴くことが一番。それによって専門家になって素晴らしい演奏をする人も出るでしょう。この本で一番に考えたいのが、専門的に音楽に携わらない人が音楽を愛好することによって人生をより素敵なものにする可能性についてなのです。

つまり、私はこの本で専門家になりたい人に指南をする気はさらさらなく（むしろ、プロの音楽家になるのはやめたほうがいいと、いいたいくらい）、音楽はリクリエーション＆教養として、人々を幸せにする！　という観点からあれやこれやと書いています。

さて、妊婦さんのためのコンサートをたくさん行うようになってから、少しずつ胎児のことなども調べました。赤ちゃんはなんと妊娠三ヶ月くらいから聴覚がちゃんと働いているそうです。妊娠後期にもなるとかなり耳は発達していて、お母さんの声、脈の音、消化器の動く音をいつも聴いていることになります。胎内でどのくらい音が聴こえるかの実験では、弦楽器の音などは実際鳴らしているよりもむしろわずかに大きく聴こえるとの報告もあります。お母さんの声が一番よく聴こえるかというとそうでもありません。お母さん自身の声は自分の体に響いてしまい、消化する音などと混ざるので、外から聴こえる音のほうがはっきりしているそうです。水の中にいるとはいえ、赤ちゃんは思っている以上にはっきりと音・音楽を聴いているのです。

胎内で聴いたリズムやメロディー、和音は生まれたあとの感受性に関係します。赤ちゃんは色々な種類の音を脳内にパターンとして記録していくそうですから、胎内でどんな音を聴くかによって生後に得られる感受性の増大へとつながるのです。

ある病院の実験では、赤ちゃんにはお母さんの声がわかるというものがありました。生まれてから赤ちゃんのベッドの両側から、お母さんと、もうひとり同じくらいの年の看護師さんが名前を呼びかけます。すると、赤ちゃんがお母さんのほうに向く率がとても高いそうです。胎内では視覚はほとんど機能していないので、聴覚が大きな部分をしめます。聴こえてくる音によって、それらをパターンとして覚えたり、感じていたりしている赤ちゃんの能力の高さには驚かされます。

こんな話もあります。ある高名なヴァイオリニストの奥さんが妊娠後期で夫のピアノ伴奏を毎日してあげました。男の子が生まれてヴァイオリンを習い始めてしばらくした頃に、習ったこともない難しい曲を弾き始めたそうです。その曲はお母さんのお腹の中で毎日聴いていた曲だったそうです。胎児が覚えていた、というか科学的にはその曲のパターンを感じとっており、生後何年かたってパターンを蘇らせたのです。

また、フランス人の自閉症の女の子の治療で、医師に対してもまったく心を閉ざしたままだったのに、なにかの拍子に英語が聞こえたらすごく興味を持ちました。両親はともにフランス人で、英語には接したことがないはずですが、よく聞いたらママが妊娠中に貿易会社で一日中英語を話していたのです。なるべく英語を使って治療をした結果、完全に閉ざされていた心が見事に開いたそうです。このような報告は他にもたくさんされています。妊娠中の音が子供の成長から人生にまで大きな影響を与えるのですから、妊娠中の音の環境はとても大切だといえます。

胎教のアイディアは紀元前からあるそうです。胎教が広い意味で「胎児を良くないものから守ろう」という考え方だとしたら、江戸時代に「火事を見たら痣のある子供ができる」なんていうのも胎教かもしれません。「妊婦に○○を食べさせるな」といわれている食べ物はたいがい消化に悪かったり、食べ過ぎてお腹を壊したりしないようにという配慮があります。

現代の胎教が日本でいわれ始めてからまだ二十年ほどでしょうか。これだけ胎内の赤ちゃんの才能が認められてくると、本当に妊娠中の時間は大切ですね。

その時期から、羊水の中でお母さんの精神状態が安定していて、赤ちゃんを愛する気持ちをいっぱい持っていると、その子が死ぬときに人生を肯定できるとエリクソン（アメリカの精神分析家）が唱えています。羊水にいるとき母親がヒステリック状態で、生まれてくる子へ少しも愛を感じなければ、その子の人生に大きなダメージを与えます。死ぬときは自分の人生を否定して死んでいくそうです。

母親って大変、責任重大ですね。でも責任があると思うとストレスになってしまいがち。「音が大切なら、いい音楽聴かなくちゃ」「お腹に話しかけなくちゃ」とか、逆のプレッシャーもかかってしまうかもしれません。それでは本末転倒。自然に自分がリラックスした状態でいなければ、行動だけとっても無意味です。そこで、「楽しい気分で胎内環境を良くしてあげられる」即効性のアイテムが音楽なのです。

クラシックを聴く効果とは

以前「題名のない音楽会」という番組に出演したときにこんな質問をされました。「岡崎さんは妊婦さんのためのコンサートをたくさんしていらっしゃいますが、妊娠中はどんな音楽が一番良いのですか?」と。その時ゲストの早見優さんが「私はサンバばっかり聴いていた」とコメントしました。構成作家の意図は「好きな音楽ならなんでも良い」というものでしたが、私の立場からも音楽療法の研究からもクラシック音楽はもっとも妊婦さんの胎内環境を良くする効果があるといえます。あまり激しい音楽やリズムが良すぎるものは安らぎよりも興奮をおこしてしまうのです。そこで「お好きならサンバもいいとは思うのですができるだけリラックスできる美しい曲想やトーンのものがいいと思います」と答えました。作家の意図とずれてしまったので、私のコメントは見事に編集で削除されてしまいましたが。

妊娠中はそれまでその女性のホルモンの状態とはかけ離れたホルモンが身体にたくさん出

ます。ホルモンのバランスを失うことは、精神状態をもっとも悪くする原因になります。実際に妊娠中にものすごい不安感、イライラした気分、むしゃくしゃ、いいようもない悲しい気分になったりする女性がたくさんいます。ちょうどすごく重い生理の直前のような気分です。そうなったとき、クラシック音楽の持つ不思議な効果が妊婦さんの状態を良くしてくれるのです。

何年か前に日本産婦人科学会会長の坂元正一先生と対談をしたときに、初めて「ゆらぎ」という言葉に出会いました。物理学の言葉です。たとえば日本の四季は千年以上数えたとき、それぞれの年に少しずつの違いはあるけれど、大きく見たときにほぼ変わらないわけです。そこにあるのが「ゆらぎ」で、木の葉ずれの音にも、小川が流れる音にもあり、1/F（エフ分のいち）のゆらぎ、というのだそうです。「どうやってそれをはかるのですか？」と先生にうかがったところ、とても難しい解析をコンピューターで行うのでひとくちにはいえない、とおっしゃっていました。クラシック音楽に共通な要素として、このゆらぎが他のものに比べてたくさんあるそうです。そして、このゆらぎに満ちた音は、妊婦さんの精神を安定させて、身体と精神のバランスに深い関わりを持つ自律神経を正常に保つ助けになります。それによってホルモンや、他の身体の部分の働きが良くなり、胎児に素晴らしい環境を与えることができるそうです。ゆらぎは特にクラシック音楽に多く含まれています。クラシックの中でも色々な作曲家や楽器の構成がありますが、現代で聴かれているバロックからロマン派・近代まで、ほとんどのクラシック音楽にこのゆらぎがたっぷりと含まれています。

ただ、あまり暗い曲想のもの、大音響でどちらかというと支配的なトーンを持つシンフォニーなどは聴き方によって、精神の安定とは反対の方向に作用してしまうこともあります。基本的に自分が美しいと思える音色と曲想のものによってゆらぎをたくさん身体に取り込むことが一番良いと思います。

赤ちゃんがお腹の中で聞いた音が、生後の感受性に影響しますが、もっとも大切なのは妊娠期のお母さんの精神安定です。胎教としてのクラシック音楽を聴くことは、むしろお母さんに対して効果が高いので、コンサートでは、まず妊婦さんに「美しい曲ね」「素敵な曲ね」と思ってもらうことを最優先に考えてプログラムを作っています。胎教に良いからといって、毎日義務のようにモーツアルトのCDを聴いても、むしろストレスになってしまうのではないでしょうか。お母さんが「気持ちの良い音楽」に感動したり、癒されたりすることが、胎児に伝わってそれが良い影響として生後に関係してくるのです。

プロの音楽演奏家は、親がクラシック好きだった人が多いようです。仲間どうしで、あれこれおしゃべりしていると、母親が妊娠中から最高の音楽を聴いていたと話す人がたくさんいます。親が「子供を演奏家にしよう」と思い入れて、最高のピアニストやヴァイオリニスト、オーケストラの録音を聴かせたのです。胎児がその音楽をパターンとして脳内にインプリントする可能性がありますから、育つときに音楽的な才能に秀でるかもしれません。しかし、胎教の意味において、母親なり父親が「子供を世界的音楽家にしたい」と力んで聴かせることは決していいことではないと思います。生まれてからも毎日クラシックを聴いて、三歳くらいからリトミックやピアノ、ヴァイオリンなどのレッスンを始め、毎日練習させられる。プロを目指すには、スポーツでもどんな世界でも小さいときから過酷な鍛錬を行わないと成就しにくいことは確かですが、人によっては辛い子供時代が裏目に出てくる場合が少なくありません。

いずれにしても、せっかくの素晴らしい音楽を教育目的優先で妊娠中から聴くことには疑問を持ちます。胎内の赤ちゃんは音楽や話の内容がわかるのではなくて、その音の持つ優しさや心を感じます。お母さんが優しい気持ちで楽しくいることが赤ちゃんに伝わりますし、お母さんがピリピリした気持ちでいると、赤ちゃんが胎内で苦しむようすをするといいます。また、直接赤ちゃんがお腹で聴いている音で、驚くような大きな音や、怖い音も苦しむといいます。

私は妊娠七ヶ月である事件にあい、恐怖で何度も叫びました。二時間後くらいにようやく安全を確保して、身体を横にして休むことができたときに、それまで経験したことのないような、激しい蹴りを自分のお腹に感じました。まるで、赤ちゃんがいやがって足をばたばたさせているような感じです。今思うと、私のパニック状態によって、たとえば胎内の酸素量が減ってしまったり、自律神経をかき乱されて内分泌で悪いものが身体をかけめぐっていたのかもしれません。

逆に赤ちゃんが嬉しくて蹴る感じもたくさん体験しました。臨月までコンサートをしていた私は、特に妊娠後期にステージに立つと、必ずトントンとゆっくりした感じでお腹の中から、蹴って来ました。一番よく蹴っていたのはチャイコフスキーの『花のワルツ』やショパンのワルツです。ワルツがお気に入りだったようです。家で練習しているときよりも、ステージで本番中のほうがよく蹴ってきました。本番のコンサートで弾くときは、私の中にある適度な緊張感によってお腹の赤ちゃんもおきていたのかもしれません。

臨月まで、新幹線や飛行機に乗って各地の公演に行くことは、少なからず不安がありましたが、なるべく楽しい気持ちで演奏するように心がけたり、移動中に景色を楽しんだり、できるだけネガティブな気持ちにならないよう努めました。そんな折に弾いたピアノはいつもよりもずっと音色も綺麗で、今聴くとなかなか良い演奏をしています。

妊娠中期に中国中央民族楽団と共演し、中国のピアノ協奏曲『黄河』を演奏しました。これが、なかなかどうして中国独特の音階と、楽章によってはかなり激しい調子と、超絶テクニックという取り合わせの曲。日本人が弾くのも変なのですが、抗日戦争をテーマにした作品でした。第二楽章などは、日本の民謡というか演歌調でなかなか胸にじわっとくる楽想です。が、テンポの早い楽章はおもいっきりチャイナチック。家族など「こんなの毎日何時間も聴かせたら赤ちゃんに良くない影響あるんじゃないの？」と心配していました。妊娠中期だったせいもあるのかもしれませんが、あまりお腹の反応はなく、いつも眠っているような感じでした。むしろ、家で他の曲を練習しているときのほうがお腹で動いている感じがあったのです。これは偶然かもしれませんが、私がとても好きで気持ちよく楽しく弾いているピアノに特に赤ちゃんが反応したのかもしれません。

妊娠中には、お母さんが聴いていて気持ちの良い音楽、それもあまり激しい調子ではないものがいいと思います。妊婦さんのコンサートでたくさんのアンケートを回収させていただきましたが、驚くほど多くの妊婦さんが「お腹で赤ちゃんが蹴っていた」と答えています。

胎児はほとんどの時間寝ていることが多いそうですから、コンサートに出かけて聴いた私のクラシックピアノに赤ちゃんが明らかに反応し目覚めており、また、演奏を聴いていたと信じています。お母さんの胎内が赤ちゃんにとって心地よい環境になっていたのでしょう。

また、このコンサートはご主人と二人でいらっしゃる妊婦さんを多く見かけます。大阪公演のお客さんは本当にラブラブで、ご主人が奥さんの肩を抱いて、もう一方の手はつないでいるカップルがたくさん！　妊娠中は病院以外になかなか出かける場所がないもの。良い音楽を聴いてもらって、おいしいものでも二人で食べたりする、素敵な時間は胎内にも良い環境をもたらします。

もうひとつ、お産のときにクラシックを聴くと痛みが和らぎます。なにしろ私は母子手帳の記録によると「出産時間二十八時間」。地獄のようなお産。特に最悪の最後六時間を過ごしたので、痛みが和らぐならなんでもしたかったくらいなのに、音楽をかけるなんてアイディアはまったくありませんでした。紺屋の白袴というのでしょうか。クラシック音楽を聴くとなぜ痛みが和らぐかというと、人間の体内にあるベータ・エンドルフィンというホルモンが出るからです。これはモルヒネに似た作用があり、副交感神経が活発になると出てくるそうです。お産のときにご主人が話しかけることによってもエンドルフィンが出るといいます。

クラシック音楽にもエンドルフィン分泌を促す効果があり、エンドルフィンが増えると赤ちゃんの心音がサーっと綺麗になるといいます。逆に不安な気持ちはエンドルフィンを減らしてしまうそうです。

コンサート後、アンケートでは「素敵なコンサートだった」「クラシックは初めてだったけど、知っている曲もあってとても楽しかった」など、来てよかった！　という感想をいただきました。また、「岡崎さんの出産話や子育てのトークもおもしろかった」という答えもたくさんいただき、曲の選別もさることながら、楽しい話も少し入れて全体にリラックスできる雰囲気づくりの大切さも学びました。

妊娠中にクラシック音楽を聴くことは、お母さんの気持ちにゆとりができ、胎内環境が良くなる、胎児の感じる能力や言葉以前のコミュニケーションや感性が育まれる、などいいことずくめ。そういう意味で、長年やってきたマタニティーコンサートは私にとって、大変意義あるものです。これからも妊娠中の楽しいイベントになるよう続けていきたいと思っています。

第2章

親子で音楽を楽しむ環境づくりを

人としてまともに育つためにも

　ここ数年、小学生が小学生を殺したり、悪魔のようなやつが小学校に侵入して多くの児童を殺したり、ニュースを見ているだけで涙がとまらないひどい事件がたくさんあります。私は虐待の末に死にいたった幼児や子供のニュースを聞くたびに「いったい事件にならないところでどれほどたくさんの子供が毎日苦痛の中に生きているんだろう」と胸をかきむしられます。母性父性の原点として子供を慈しみ育てる、というナチュラルな感覚はいったいどうなっちゃったんでしょう。

「普通の子だったのに」と言われる子が想像できないような犯罪をおかしてしまう。私と同じように「うちの子がこんなふうになってしまったらどうしよう」と不安を持つお母さんは多いことと思います。ひと昔前は「子供にはいい学校に行って、経済的に豊かでいられる仕事についてほしい」というのが、ほとんどの親が抱いていた願望でした。過酷な受験に備え、熱心に塾に通わせたり勉強させたりしていましたよね。でも、今の親は受験以前に、「子供が何かの犯罪の被害者にならず、ましてや加害者にならずちゃんと育ってほしい」という当たり前のことを願わずにはいられない状況になっています。

一方で子供の精神面や行動にも昔とは違った変化が見られます。いじめ、不登校、自閉症、切れやすい、注意欠陥多動性障害（ＡＤＨＤ）等々。これもひと昔前には一般的にまったく認知されていませんでした。現代にあって子育てをするとき、たくさんのお母さんが心配するのは「ちゃんと社会で生きていくことが出来る子に育つかどうか」、という不安ではないでしょうか。

いじめのせいで不登校になり波乱万丈の二十代を送り、あるきっかけで更正し、司法試験に一回で合格した大平光代弁護士の著書を読んだ方も多いと思います。不良になり、親を暴行恐喝、暴力団組長の妻となってホステスとしてどん底の生活を送った末の更正に読んでいて涙が出ました。と同時に、普通の女の子が、同級生のイジメで豹変してしまったことに背筋が寒くなる思いがしました。子供といえども一歩外に出てしまえば、そこには子供の心をむしばむ暗い落とし穴が点在しているのが現代社会です。それにふたをすることはほぼ不可能なことで、子供の社会で重要な位置を占める学校すらうまく対応できていません。そのため、イジメや不登校が多発することになるわけです。もちろん家庭における問題はそれ以上に大きく、大人社会の変化も大きく影響を与えていると思います。

安心して子育てができない、という点で「コンピューターゲーム」も頭の痛い問題です。息子の幼稚園の保護者会で小児精神科医の古荘純一先生の講演がありました。その中でゲームの影響についてはずいぶん考えさせられました。ゲーム脳は認知症と同じような脳波の活動状態が脳でおこっているそうです。常に脳の中が部分的に興奮状態、部分的に活動低下、これによって最終的な意志決定に困難を与えるとのこと。また、ゲームのために運動不足・睡眠不足・コミュニケーション不足など、子供に悪いことばかり。特にゲーム脳とよばれる脳波の活動性の低下現象は低年齢でゲームを始めるほど危険性が高いそうです。

現代社会でインターネットを無視して生きていくことはほぼ不可能になりつつありますので、私の息子にも幼稚園くらいから携帯のメールやパソコンに触れる機会を作ってきました。しかし、夫も私もアコースティック&マニュアルなタイプの人間なので、「ゲームだけはなるべくさせるのをやめよう」と決めていました。昨年息子の小学校で〝リバイバル〟たまごっちが大流行して、みんながたまごっちの見せ合いをしたり、その話題でもちきりになりました。当然、息子も「ママ、たまごっちほしい!」と訴えてきました。おりしも、毎週通っている息子のゴルフ教室の通り道にキディランドという、大きなおもちゃ屋さんがあります。教室が終わったあと、いつもそこをぶらぶらぶら見て帰ることにしています。当然たまごっちが山積みされていて息子が涙目で買ってほしいといいます。見れば、安くはないものの、ものすごく高いという金額でもありません。

私の中でものすごい葛藤がおこります。「これくらいなら買ってあげようかな」という気持ちもずいぶんありました。学校で息子だけが会話に入れないのはとてもかわいそうなこと。それこそ、イジメられたりしないかしら、という不安も頭をよぎります。最後は心を鬼にして「ウチはゲームを買わないことになっているでしょう」と、結局買ってあげなかったのです。

そのかわり、地下で売っていたバンダイの Space Warp 復刻版というのを買う羽目になりました。組み立てるのがすごく複雑ですが、その複雑さと微妙さが楽しいという種類のおもちゃです。高さの違うステンレスの何本かの棒に部品をつけて、シリコンのロープを二本平行に部品に載せて、そこにパチンコの玉のようなボールを走らせるというおもちゃです。電池式のエレベーターで玉が上がっていき、ジェットコースターのように様々なループを玉が転がっていくというもの。息子はジェットコースターが大好きで、普段でもシミュレーションといって、車のおもちゃを使って「びゅーっ」とか「キャーッ」といって遊んでいるくらいですから、このSpace Warpにはぴったりはまりました。

しかし、作るのはほとんどが私の仕事。ちょっとでもロープがずれたり長すぎたり短すぎたりしていると玉が下に落ちてしまったり、転がらなくなったり、ロープの細心なカット技術も必要です。説明図を見ながら息子に部品を取る指示を出したりして、ふたりで完成できたのは一週間後くらい。それからかなりこのSpace Warpでは遊ぶことができました。たまごっちの話はその後ひとことも出ません。きっと学校では寂しい思いをしているのかもしれません。また、たまごっちを買ってあげないとはいっても代替品を買ってあげたというすりかえに過ぎないわけですから、本当にそれでよかったのかな？　と疑問がまだ残っていますが。

きっとたくさんのお母さんが同じような葛藤をして、それも何度も何度も繰り返される毎日を過ごしているのでしょう。いつかはうちもゲームを買う日がくるかもしれません。それを避けてとおるのは本当に難しそうです。そのときに何を注意したらよいのでしょうか。

クラシックを癒しに生かす

古荘先生によると、ゲームの悪影響を避ける対応として考えられるのはゲームやテレビに偏らないよう生活習慣を心がけることが大切であるとのことでした。偏らないために音楽を聴いたり本を読んだりすることもひとつ。そのほか見た目にわからない精神面の障害や問題についても、

①心の傷に気づくこと。子供が身体の具合が悪いといってきたら心の問題の可能性を考える。癒しの時間と場所が必要である。

②頼れる信じられる人間関係・信頼関係を十歳くらいまでにつくる。

③禁止する口調ではなく、やってよいことをいう。「走るな」といわないで「歩くようにしようね」など。

④小さな目標でも達成した時にほめてあげる。

この対応策の中の「テレビやゲームに偏らない生活習慣」「癒しの時間と場所をつくる」の部分で私はクラシック音楽をおすすめしたいのです。

音楽には信じられないほどたくさんの効能があります。音楽の起源に遡ると、原始の人は食べるときの嚙む音を心地よいリズムとして捉えていたといいます。それは母親のお腹の中で耳にした、歩く音のリズムとリンクするからだそうです。また、遠くにいる仲間を呼ぶときに出る声の高さやトーンも快く感じていて、それも胎内で聞いた母親の声とリンクする、ここからリズムや音の起源が始まったといわれています。人間が誕生して、胎内の経験から音楽が生まれたということは、音楽は人間にとって基本のようなものなのではないでしょうか。動物には音楽を奏でたり、楽しんだり、歌ったりする能力がないそうです。音楽は人間にだけ与えられたもの、そしてなくてはならないもの、人類の存在から発しているものだと思います。だからこそ、音楽が人にたくさんの良い効果を与えることができるのでしょう。

古荘先生に音楽は精神の発達に直接良い影響を与えるかどうかをうかがったところ、先生は、実際に病気の治療に音楽を使ったことはないそうですが、多くの先生が治療の際の緊張感を和らげるために、音楽を流すことがあるとのこと。また、重度の障害をもった寝たきりのお子さんに対し音楽をかけながら、体に触れていくと意識が改善されたという臨床例も報告されているそうです。

これは音楽の持つ音色、大きさ、リズムなどが脳に対してリラックスの刺激を与えやすいからではないかとおっしゃいます。しかし音楽の音量があまりにも大きすぎたり、激しい調子だと、交感神経が緊張し戦闘状態になってしまい逆効果になるし、たとえば演歌などは言葉のインパクトが強くて、テレビをみているのと同じように聴き入ってしまう集中状態になる可能性があるそうです。なので、大きくジャンル分けした場合にはクラシックがもっとも適しているのではないかといわれます。

クラシック音楽は四百年くらいの間、世界中の万人に受け入れられ、また愛聴されてきました。その歴史の中でたとえば「子供の発達に障害を与える」とか「戦争を誘発する」などの否定的な意見がほとんど出てこないことを考えれば、もっともバランスのとれた音楽であるといえるのではないでしょうか？

クラシック音楽の良さのひとつは生の音にあります。電気の機能をいっさいもたないアコースティックな楽器には出せる音の量、高低に限度があり、それは人間がもっとも聞きやすい音の範囲に留まっています。

モーツアルトを音楽療法に使っていらっしゃる和合治久教授の本によれば、背骨が音の周波数によって反響するそうです。お尻のあたりは低い音、背中から首というように上の背骨になるほど高い音に反響するそうです。なるほど、私はパイプオルガンの一番低い音なんかを聴いていると、もうおしりのへんがむずむずしちゃう。低い音が尾てい骨あたりに響いていたのでしょうね。

脳に近い高い位置の背骨には4000hz以上あり、これがモーツアルトの作品にとてもたくさん含まれているそうです。特にピアノ曲とヴァイオリンの曲は3500hz以上の音がたくさんあって、大脳にかけての神経を効果的に刺激するのだそうです。

また、モーツアルトの音楽は繰り返しがたくさん出てきて、突然の変化はあまりなくて、心地よいパターンが繰り返し働きかけるので脳に良い刺激として伝わるそうです。モーツアルトがフィーチャーされることが大変多いですが、それは彼の作品が持つ、最高の音の組み合わせやバランスの良さ、温かく柔らかい音色などからでしょう。もちろん、モーツアルト作品と同じ楽器や周波数を多く使っているクラシックのほかの作曲家の作品でも、良い効果がたくさんあると思います。

Newsweek 誌の0歳特集でも、クラシック音楽が乳幼児に与える好影響について触れています。「生まれたばかりの赤ちゃんに暗いトーンの曲を聴かせたら大泣きして、そのあとワルツを聴かせたら静かに集中した」「三～五歳の子に半年間ピアノレッスンをしたら、同じ半年間に歌やコンピューターをならった子供たちよりも空間と時間を理解する能力がすごく高かった」「アメリカの貧しい地域の九～十歳の子供たちにやはり週二回ピアノレッスンをしたら、一年後に算数の成績が裕福な地域の子供と同じレベルにあがった」などが報告されています。そこにはモーツアルトが特別かどうか、また、知力のアップにクラシックのほうがずっと効果があるかはまだ未知数だとあります。しかしクラシックの音楽を聴くことのマイナス面はまずないといえて、プラス面に可能性は期待できるとありました。

私はクラシックの演奏家ですが、もちろんロックもジャズも、意外に演歌も大好きです。クラシックは先ほどもいったように、リラックスや脳への良い刺激を誘います。ロックは一般的にだいたい思春期から青年期にかけてもっとも好まれる傾向があると思いますが、その時期はありあまるエネルギーを発散し、発散したエネルギーをまた取り戻して、さらに発散する時期。だから、興奮の刺激を求める若者に必要な音楽なのだと思います。ただ、ロックはたいがい大きな音で聴くことが好まれ、巨大な音量は脳内にストレスを誘うそうです。また、ロックを聴いていて音色や他のイメージなどをうまく脳のネットワークに築ければ良いのですが、ゲームやロックは他のことを全て遮断してしまって、それを消化できないまま次から次へと情報が入ってくる状態になります。するとたとえば、情動を司ったりする脳の一部だけが常に興奮状態に陥ってしまう可能性が大きいそうです。電車の中でヘッドフォンから巨大な音が漏れてくる若い子がたくさんいますよね。音を聴いている自分はエキサイティングで楽しい、これが興奮状態の脳の一部分なのです。ところが、周りの人はうるさく思うかもしれないなという配慮を同時に行う脳の部分はまったく活性化しておらず、迷惑に気がつかないということだと思います。大ざっぱな論理ですが、前頭葉はこれらの思考にも関係しており、ゲーム脳で指摘されている前頭葉の機能低下を示す具体的な様子ではないでしょうか。ロックは音だけですが、コンピューターゲームはビジュアルが加わり、どちらにしても聴いていないとき、していないときも脳の特定の部分の興奮が続いてしまうという怖い状態になる恐れがあります。

古荘先生によるとゲーム脳の状態を緩和したり、予防したりするには、木々の葉ずれ、小川のせせらぎといった、自然界にあるリラックスできる音を聴くことだそうです。しかし、この忙しい日々の中に、そんな音を聴くことができる場所まで旅をするのは難しいこと。そういう音のCDもありますが、子供がそれをじっと聴くのはなかなか難しいでしょう。

となると、リラックスできる音楽を聴くことが子供をゲームの悪い面から救う、とても手近で良い方法ということになります。良い音楽を聴いたり本を読んだりすることは、ゲームをやったりテレビなどを見ることと異なり自分のペースで情報を処理することができて、脳全体の情報ネットワークが適度に活性化されるそうです。

ゲームの悪影響だけのためだけでなく、素晴らしい音楽を聴くことによって、感性の発達を促すためにもクラシック音楽は最適であると思います。先ほどの「ゆらぎ」とともに、よくいわれるのがアルファ波です。科学的な実験からもクラシック音楽を聴くことによって、脳全体の広い帯域にアルファ波がひろがり、結果としてリラックス、またリフレッシュができます。

ストレスやマイナスの気持ちは自律神経に影響し、交感神経とのバランスが崩れると様々な症状が出てきます。

私が腰痛で時々お世話になっているカリスマ鍼灸師の川井健董先生は「まず、自律神経を整えましょう。自律神経さえきちんとバランスがとれていたら全ての病気は治ります」との持論。アトピー、糖尿病、脳梗塞の後遺症まで改善した例が多くあるとご本人はおっしゃいます。どの程度改善したかはうかがっていませんが、川井先生が強く主張しているのは「自律神経」の状態を良くすることなのです。

科学的にも交感神経の緊張は病気を誘発するというのです。その川井治療院ではまず初めに、後頭部から首の後ろにかけて鍼をうちます。十分もすると夢の中にいるような軽い気分になってきて、気持ちがのんびりしてきます。それまでいかに、自分の中に大きな何かの塊のようなものがあったかがよくわかります。川井先生の治療は二時間近く丁寧にみてくれますが、BGMはクラシック音楽。それもモーツァルトのフルート協奏曲やモリコーネなど、美しい響きのゆったりしたトーンのものばかりです。もっとも私が自分のCDをプレゼントしてからは、私のCDを一日中かけてくれます。自分のCDを聴くのはあまりリラックスした気分にはなれないもので、私には逆効果だったかもしれませんが……。

ともあれ、アルファ波や一定の波形パターンが純粋で透明感のある形で繰り返される「ゆらぎ」は、自律神経のバランスを取り戻すためにとても有効で、しかもクラシック音楽に特にたくさん含まれています。それが妊婦さんや社会で疲れている大人に良い影響をもたらすことはもちろん、子供たちはバランスよい自律神経を得ることで、心の安定を図ることができるようになるのです。その意味から少しでも多くの子供たちにクラシック音楽を聴いてほしいと考えています。

その出だしである乳幼児と音楽の関わりですが、未就学児のためのコンサートをしていますと、二歳児がひとつの分かれ道になっていると感じました。知的発達の段階として、まず物をつかんだり、おすわり、ハイハイといった運動の発達が先行します。そして次の段階が言葉ですが、二歳児まではリズムをたたいたり、メロディーに合わせて歌を歌ったりすることはなかなかできません。

この時期にあまり親が思い入れてセレクトしたクラシックばかりを無理に聴かせることは、子供の負担になりやすいようです。私のコンサートで感じたのは、三歳児になるとリズムをたたいたり、一緒に歌を歌ったり行進足踏み、指揮などが出来る能力を備えてきています。ですから新生児から二歳児までは胎教の延長としてお母様やお父様のリフックスを目的に据えて、クラシック音楽を聴くのがよいと思います。そして、その自然な流れの中で、乳児たちがパターンとしてクラシック音楽を捉える、のちに聴いたときに受け入れやすく、また、楽しむことができるのです。

いずれにしても二歳までは周りの環境のバランスの良さとして、そして後の音楽を楽しむ準備として、クラシックを聴かせてあげたいです。三歳からはその年齢の発達にあった音楽を選んで、音感・リズム感の発達も視野に入れつつ、聴かせたい。就学してからは大人と同じように日々のストレスの緩和としてもぜひ聴かせたい、というのが私の思いです。

就学する前の小さな子でも自分が好きな色・食べ物・遊びなどがハッキリしている場合がありますが、本人の趣味・趣向がより強くなるのは小学校に入学する頃からです。その年齢になるとメディアから流れてくる流行りの曲を自ら選んで聴きたがるようになります。それまでの間、つまり胎児から乳幼児までに良い音楽であるクラシックをたくさん聴かせてあげることは、お子さんが多様な音楽を楽しめる人間へと導いてくれます。そしてそれは親にしかしてあげられないことなのです。

第3章

聴く音楽で子供は変わる?

感性を育てる音楽の聴き方

「e-woman」というサイトをご存知の方も多いと思いますが、そこでおもしろい「サーベイ（調査）」をやっています。様々な世界で活躍していらっしゃる方がキャスターとなり、それぞれのジャンルでのおもしろいテーマをサーベイするというものです。私も時々サーベイキャスターを務めて、色々なテーマを投げかけて一週間にわたり皆さんの意見を楽しく拝見します。

先日「良い音楽を聴くと良い子が育つ？」というサーベイをしました。良い音楽とはなにか？　良い子とはどんな子か？　という定義をあえて特定しませんでしたが、皆さんからの意見がずいぶん参考になりました。

私にとって「良い子」というのは大人が思う優等生という意味ではありませんが、サーベイをするまではどういう子が良い子かあいまいでした。しかし、ひとつ思うとしたら「優しい子」というイメージがあります。

ちなみに私の息子はおっとりタイプです。争いごとは大嫌い！　四歳からサッカー教室に通っていたのですが、コーチのいうことを聞かないでぼーっと空を見ていたり。試合ではボールを追いかけるのは他の子の後ろから。足は速い方なのですが他の子供たちとぶつかるのが嫌いなためなるべく避けているのです。一度、試合中にボールとは反対側の誰もいないところに立って歌を歌っていたことがありました。たまたま、ラッキーなボールが来ても他の子が来ると一歩引いてしまいます。これが良い子とはいえませんし、「男の子なのに、こんなんでええんかい？」という不安はあります。が、優しい性格であることは間違いありません。結局、あまりにも向いていないのでサッカーはやめてしまいましたが、誰からも優しい性格であるといわれる子に育っています。

「音楽をたくさん聴いたから優しい子に育った」というお母様の意見もこのサーベイに驚くほどたくさん寄せられました。私はいくつかの大学オーケストラのゲストプレーヤーとして、何度か学生オーケストラと共演したことがあります。そのときに強く感じたのは、やはり音楽を演奏する学生は、他のサークル活動や体育会に所属している大学生より、マイルドで知的だということです。今時の若い子にもこんないい子がいるのか、というのが正直な感想です。そのときに同行していた私のマネージャーも二十歳代の前半でしたが、「本当にみんな優しい感じですね」と私と同じことを感じていました。

また、私がアマチュアピアノコンクールの審査員を務めていたときも、参加者全員が優しい雰囲気をもっていることを感じました。ちなみにこのコンクールは音楽大学を出ていない、音楽を専門としていない完全なアマチュアのピアノ愛好家たちによるコンクールです。A・B・Cの部門に分かれていて、私はもっともうまいA部門の審査をしました。学生から七十歳代の方まで、第一次予選ではエチュードやバッハ、第二次予選で自由曲というように、プロのコンクール並みの課題曲が出ます。

とにかく、A部門は皆さんうまいです！　課題曲を全曲弾けなければ参加することが出来ませんから、少なくとも本格的なピアノ作品をある程度のレベルで弾けなければいけません。私はある音楽大学の講師も二十六歳から七年間務めましたが、正直いって、アマチュアピアノコンクールA部門の方がそこの音大生よりうまいくらいです。参加者の職業もバラエティーに富んでいて、会社員・学生・美容師・看護士・医者・弁護士からショーパブのニューハーフやフリーターまで。わりと知的職業の人が多く、博士号をもっている人や高学歴の人が多かったようです。おそらく、子供のときから親御さんが学問にも音楽にも触れる環境を作れる家庭だったからだと思います。一方、学歴の高くはない参加者でも、心に染み渡る美しい音色で演奏されるのを聴いているとき、音楽には職業や経歴はなんの関係もないとも思いました。参加者全員が素晴らしい音楽を奏でる喜びを体験していることは本当に感動的でした。

このコンクールで何日かにわたって審査する合間や表彰パーティーで参加者とたくさんコミュニケートもしました。大人になると、人は目を見て話せばある程度その方の人格や人間性がわかるものですよね。彼らは本当にメローな雰囲気と真面目さ、そして心のバランスがとてもいいと感じました。実際に聞いてみると、ご両親が音楽好きだったり、お母様がアマチュアのヴァイオリニストだったり、小さいときから音楽のある環境で育っている人がほとんどでした。

乳幼児は自分からCDを選んだりすることはできません。だから子供が小さいうちはその家の音楽環境は親が与えることになります。まず、子供が興味を持つこと。それは音楽という新しい世界への誘いであり、その扉を親として開いてあげたいものです。

息子は二歳のときに、私立幼稚園を受験しました。入園試験は母子七組くらいが大きな部屋に入り、遊んだり本を読んだりします。遊び道具は確か七種類に分かれていて、ブロックのコーナー、ままごと遊びのコーナー、四人乗りブランコのコーナー、キッチンセットのコーナーなど。そして楽器のコーナーがあり木琴やリズム楽器などがいくつか置いてありました。息子は試験中楽器コーナーから離れず、結局他のおもちゃや遊びにはまったく行かずじまい。しかも木琴のばちを私に渡して「ママ、イッツアスモールワールド弾いて」とリクエスト。あまり目立った行動はとりたくなかったけれど、汗をかきながらピアニッシモで演奏しました。息子にとってもっとも興味を引くおもちゃが楽器だったことは、日ごろから一番身近に音楽に接していたからでしょう。

入園後もたくさんの遊び道具がある中で、ある日小さな電子キーボードが登場しました。それに大変な興味を示したのは、私の息子と、もうひとりは日本でトップのロックグループのギタリストをパパに持つ男の子でした。

このふたりがキーボードに興味を持ったのは偶然ではないと思います。やはり、環境として音楽が身近にあり、音の出るものに対しての好奇心が自然に育まれていたのではないでしょうか。

サーベイの投稿の中に、家に音楽が流れていて自然に音楽好きになったという意見がたくさんありました。「のびのびと音楽を生活の一部にとりこんで楽しくやっている我が家」の環境が子供の心を育てます。

二歳くらいになると、テレビやCDで音楽が流れると楽しそうにダンスのような運動を始めるお子さんがとても多くなるようです。音楽には想像力を育む力があって、それぞれのお子さんが音楽によって何か心に描いているのでしょう。いくつかの投稿の中で幼児が音楽におもしろい反応をした、というものがありました。

デパートの婦人服売り場でブランドをイメージするCMが流れていて、その音楽がゆったりしたクラシックだったそうです。一歳半くらいの男の子がその音楽に合わせて左右にリズムをとって揺れていました。ビデオの巻き戻しの間はじっとしていて、また再生すると揺れる。他の売り場に移動しても、その男の子はそこに戻ってきてしまったそうです。自然にその音楽に惹きつけられているのですね。

また、普段リズムやテンポの乗りのいいアニメソングや体操音楽ばかりかけていて、いつもはぴょんぴょん跳ねるような仕草をする二歳前のお子さんが、ある日偶然クラシック音楽を聴いたらぴたっと動きを止めて、目を閉じて、まるで指揮者のように両腕をあげて身体を揺らし始めたとのこと。アニメソングもいいけれどクラシックのほうが落ち着くのではないか、とのご意見でした。このお子さんは純粋な感受性で音楽の良さを受け止めていますよね。

これは「美しいもの」「良いもの」に触れる最初の機会で、成長し大人になって高度な理解が出来るようになる素地となっています。お子さんの変化に気づいたお母様がクラシックへの興味を持たれたこともよかったし、きっかけが本当に大切ですね。

音から色々な想像を膨らませ自分の感情とバランスをとるのがうまくなったというお子さんもいます。その家ではお母さんが音楽好きで様々な音楽を聴かせていましたところ、言葉が出始めたころに悲しい曲調のものを聴いて「悲しい曲だから」と言ってワンワン泣いたそうです。感情のバランスを上手にとれるおかげで、人の気持ちを思いやることが非常に上手な子になりました、とのこと。

感受性を育むことはとても大切です。その助けとなるのは、幼児期までは音楽がもっとも身近なものです。その後は物語であったり、絵を書くことであったり多様になりますが、乳幼児の頃から感受性を導いてあげられるのが音楽なのです。しかし、感受性が強いからといって、心にバランス感覚が備わらない場合は、ただ喜怒哀楽が激しいだけの人物になってしまいます。

楽しいことを楽しいと思い、悲しいことを悲しいと思える心を得たら人間として立派に成長できる第一歩なのではないでしょうか。そんな様々な感情が音楽に含まれています。一曲ずっと悲しいトーンのものもあれば、ひとつの曲の中で様々な感情のトーンが入っているものもあります。どちらもその曲の中で完結します。完結せずに破壊的な終わり方をする曲はまずありません。つまり音楽とはバランスのとれた感情の表現であるわけです。音楽によって育まれた感受性は、音楽のもつバランスの良さとあいまって、良い形で消化するのではないでしょうか。

「子供は感受性が豊か」といわれます。なぜか大人になるとそれが薄れてきてしまいがちですが、大人が社会で生活していく上で、感覚器官の感受性である「感性」はとても大切なものです。仕事でも感性が要求され、また感性によってどんな仕事でも内容が向上します。家事でも子育てでも「感性」がより快適な生活へのきっかけを作ってくれます。大人になっても感性を磨耗させない最良のアイテムとしても音楽が優れていることを私は強調したいのです。

感受性は表現力を育てます。聴いて感動することはいわば受動的ですが、自ら表現することは素晴らしいことです。心の中にためている悪い感情の部分も、表現という外向きの流れで放出することができるからです。それができるようになるためには感受性を育むことが基本となります。小さいときからピアノやバレエを習っていた方のご意見で「色々なイメージを浮かべながら、演奏したり肢体を動かすことが楽しかった」と。想像や感情を惜しみなく表現できる喜びをいつも感じていたのだといいます。そんな感覚をもったお子さんがイジメをしたり、人に迷惑をかけたりすることはあまり考えられません。もちろん、劇的な環境の変化により（学校でいやなことがあった、事件に巻き込まれる、etc.）そんなお子さんでも突然悪い子の側に変わってしまうことがあるかもしれません。しかし、そのお子さんの中に想像や感情を惜しみなく表現できる喜びがあれば、悪い変化から自分を取り戻すことのできる可能性が高いと思います。良い音楽を聴いて自分が解放される気持ちになり、感情のバランスがとれる爽快感を経験すれば、本来子供でも大人でも悪い人間になりようがありません。テレビでニュースを見ていると、立場のある方や芸能人の方が性的犯罪をおかしているというものが多々あります。子供のうちからバランスのとれた感性を育てていれば、電車で痴漢をすることなどないのではないでしょうか？　良い音楽を聴く趣味があれば、女子高生のスカートを鏡で覗くなんていう発想に至らないと思います。

こういう恥知らずな情けない大人がいる一方、何も悪いことをしていないのに突然不幸や災害に見舞われてしまう人がいます。人間はものすごく大きなショックやストレスを経験すると、脳のある回路が遮断されてしまうことがあり、喋れなくなってしまったり、記憶をなくしてしまったりします。そういう状態の人が、自分が以前よく聴いていた音楽で記憶の一部を甦らせることがあります。特に楽器などが以前に弾けた人はショックを受けたあとも演奏ができることがあるようです。

脳内の音楽記憶は遮断されなかったというわけです。つまり指を動かす反射的な運動であるとか才能の部分は、ストレスやショックにも強いのではないかといわれます。ストレスに強い脳のためにも音楽は良さそうです。

精神医学でも、クラシック音楽を聴いておこる悪影響はまずないとのこと。もちろん、好ましくない、たとえば押し付けのような状態で無理に聞けばクラシック音楽といえども悪い方向にしか作用しないでしょう。でも、それはクラシック音楽という以前に、全てのことは押し付けられた環境の中で良い作用をしないということでもあります。

自閉症の治療をなさっている古荘先生は、親御さんに「お子さんがどんなことに不快感を表すパニックを起こすか」、というアンケートを何度かしたそうです。子供の泣き声や犬のほえ声などには嫌悪を示したりひどいパニック状態に陥ったりするという回答が多くあったそうですが、今までにクラシック音楽でパニックを起こしてしまったという回答はないそうです。

クラシック音楽というものは聴き方さえ間違えなければ害が皆無。逆にいいことの可能性はたくさんあるのです。私が行っている未就学児のためのコンサートにも重い自閉症のお子さんが来てくれたことがあります。お母様は、パニック状態を起こして暴れて迷惑をかけないかとても心配していらっしゃいました。コンサートの中で、私がバッハのメヌエット（3拍子）を弾いて、子供たちに人差し指で三角形を描いて指揮をしてもらう部分があります。続けて、同じ3拍子のワルツ、チャイコフスキーの『花のワルツ』を演奏しましたが、そこで1・2・3のリズムに合わせて左右に身体をスイングしてもらうことにしています。そのときに、いつもたいがいのことにまったく無反応なこのお子さんが嬉しそうに身体をゆすったそうです。お母様はそのとき「嬉しくて涙がとまらなかった」と私におっしゃいました。きっとこの曲のもつ何かが、そのお子さんの琴線に触れたのでしょう。クラシック音楽のもつ良い方向の影響を証明しています。

悪い影響がなく、良い影響をたくさん秘めているクラシック音楽は良い子を育てるきっかけになるということがだんだんわかってきます。

ところで良い人、良い子とはどんな定義なのでしょう。悪い人の定義のほうが簡単かもしれません。人をだましたり傷つけたり、ましてや殺したりするのを良い人とは絶対に言いませんよね。良い人・良い子とはおそらく思いやりがあり、他人に迷惑をかけず、自分をしっかりもちながら社会で生きていくうえでバランスよく過ごせる人、などがあげられるのではないでしょうか。実際自分の子にはぜひそういう人間になってほしいと思うお母様が多いと思いますし、私もそのひとりです。そのきっかけのひとつが小さいときからクラシック音楽を聴くことだと私は提案したいのです。

六歳までにクラシックを

「もっと親がいい音楽を子供の頃に聴かせてくれていたら、もっと楽しめたのに」という言葉もよく聞きます。同時にサーベイの中で、「親が音楽好きだったから感謝している」という投稿もたくさんあります。「父が音楽好きで、自分が母の胎内にいるときからヴィバルディの『四季』などクラシックを聴かせていた」とおっしゃる方は今でもオーケストラなどのクラシック音楽を聴くと原点回帰のような不思議な感覚を持つそうです。それを一番強く感じるのが『四季』で、自分が胎児の頃から両親が色々尽くしてくれたという事実が心の宝物になっているとのこと。音楽を聴くから良いご両親というわけではありませんが、この方のご両親は無理なく自然に自分たち自身が楽しんでいます。赤ちゃんにも楽しんでもらえたらいいな、という優しい気持ちで音楽を聴いていたのでしょう。

お誕生日にリコーダーと楽譜をリクエストした十二歳の息子さんを持つお母様は、誕生会でこれを渡したときの息子さんの嬉しそうな姿が忘れられないといいます。ゲーム機やソフトをねだるでもなく、リコーダーを買ってもらって朝から晩までそれを吹いているそうです。音楽好きの優しい子供に育ってくれたのは、「小さいときからコンサートに連れて行ったり、CDを聴かせたりしたからだと思う」というご意見でした。

「幼いときから父の弾くギターをほとんど毎晩聴いていた」とおっしゃる方は、のちにクラシックのレコードを聴いて、お父様と音楽談義をしたり、買ったCDについてあれこれ話したり。良いものに触れさせてもらったおかげでご実家では今でもお父様と良いコミュニケーションがとれているといいます。

乳幼児が良い音楽を聴く機会、環境は親がつくります。親が知的好奇心・芸術的好奇心を持ち続けるかどうかが子供の環境の根底にあります。つまり親の音楽への思いがそのまま子供に伝わるのです。良い子を育てようとして良い音楽を聴かせるのではなくて、親自身が自分の好きな音楽を見つけて、楽しんで、音楽に接することを大切にしている姿が子供にとっての最高の音楽環境になるのです。

もちろん音楽とひと口にいっても、クラシック、ジャズ、ポップス、ハードロック、演歌などたくさんのスタイルがあり、どれを聴くかは親のセンスによります。親が楽しみ、好きな音楽が家に流れているなら、どんな音楽でも子供の感性に訴えるでしょう。特に万人が「美しい」と思うような音楽は必ず子供の心の発達に良い影響を与えます。大きなジャンルで分けますとクラシックがその条件を満たすもっとも手軽に聴ける音楽なのです。

五十代の男性と話をしていますと、たくさんの方がクラシックを聴いているといいます。五十歳といえば仕事でもプライヴェートでも多くのことを経験済みで人間として集大成する年齢。「若い頃はロックやポップスばかり聴いてクラシックにまったく興味がなかったのに、五十歳を過ぎた頃から友人たちもみんなクラシックを聴き始めている」と。あれもこれも経験してきた中年男性は、クラシックの根底にある「心を浄化してくれる可能性」を求めています。若い頃はありあまるエネルギーによって、元気の良い、へたしたら破壊的な、また逆に退廃的な音楽がぴったりくる人も多いでしょう。しかし、クラシックには万人の心を浄化させる力があります。五十歳で自然にクラシックを聴くようになるのも疲れてきた心と身体を自然に休ませるよう好みが変わるのかもしれません。

子供は大人と違い、クラシックの根底にある音楽のクオリティーの高さに純粋に反応します。大人は自分で音楽を選んだり聴いたりできますが、それができない小さな子供には親がその環境を自然な形で与えてあげたいものです。

同じ頃に妊娠した二人の友人の例で、ひとりは妊娠中にある日本の女性ロック歌手ばかりを聴き、もうひとりはモーツアルトばかり聴いていたそうです。ロック育ちの赤ちゃんは夜鳴きがひどく、寝つきも悪くおっぱいも飲み方が弱かったそうです。モーツアルト育ちの子は、よく眠り母乳をぐいぐい飲み、とても扱いやすかったとのこと。音楽以外の複合的理由があるものの、胎教音楽の違いで赤ちゃんに大きな違いがあることにびっくりしたそうです。

音楽はこのように、人間形成に大きな影響がありますが、はたして、脳との関係はどうなのでしょうか。右脳・左脳というテーマが大変話題になっています。皆さんもよくご存知だと思いますが、右脳は芸術・体育・パターン・立体感覚・直感などをつかさどる脳の部分。対して左脳は言語脳で、話す・読む・書く・計算・組み立て・分析・論理的理屈的事柄。だから、簡単にいうとスポーツの選手は右脳だから運動神経抜群。一方インテリの人がダンスやスポーツが苦手だったりしがちなのは左脳がすごく発達しているからだといいます。理想はどちらの脳も発達することですよね。

音楽愛好家と音楽専門家の脳の断層写真をとった実験があるそうです。その写真の中で血流量が多い側が活発に働いているほうです。モーツアルトの音楽を聴いてから写真をとってみると、音楽愛好家は右に血流が多く、専門家は左だったそうです。専門家はお勉強として音楽を聴いてしまうのでしょう。

右脳は特に乳幼児期に音楽によって発達させられることがわかっています。逆にあまり小さいうちに幼稚園「お受験」などで左脳ばかり鍛えてしまうのは右脳の発達の時期を邪魔してしまうそうです。そして、左右脳のバランスはおよそ六歳でとれてくるとのこと。この右脳左脳の観点からも六歳までにクラシック音楽を聴くことが大きな意味を持つのです。

井深大氏のコメントによるとクラシック音楽をお腹の中で聴いた赤ちゃんは、「はいはい・言葉・オムツ取れ、が早い。コミュニケーション能力が高い。社交が上手である」とのこと。正直いって「ホンマかいな?」という気持ちですが、井深氏は『胎児は天才だ』という著書も執筆しているくらい胎児の可能性について研究されていたので、何かしらの根拠があってのコメントだと思います。いずれにしても音楽は子供にとって心や脳の発達に大きく貢献しているのです。そういう意味からも、子供と共にクラシックを楽しむ時間をぜひ取り入れていただきたいと私は願っています。

第4章

どんな名曲を聴かせますか?

クラシックをもっと身近に

♪ ♯ ¶ ♬ ♪ § ₣

クラシックが妊婦さんにも胎児にも乳幼児にとっても良い音楽だというお話を今までしてきましたが、クラシックとはそもそもどんな音楽なのでしょうか?

先日、『スター・ウォーズ』のDVDをいっきに何枚もゲットして家族で見ていました。結構わが家は『スター・ウォーズ』のファンで息子もパダワン(ジェダイの見習い騎士)の髪型をまねて、一本だけ長い三編みを肩にたらしています。私が「この映画の成功の秘訣のひとつはクラシック音楽を使っていることだよね」と夫にいったら夫はものすごくびっくりしました。「えーっ、『スター・ウォーズ』のこの音楽ってクラシックなの?」

作曲家のジョン・ウイリアムズは、押しも押されぬクラシックの作曲家といえますし、演奏はオリジナルがロンドン交響楽団です。管楽器のパワフルなテーマとフルオーケストラのサウンドは私にとっては十分すぎるくらいクラシック(専門家には反対意見をいわれそうですが）。エピソード3の愛のテーマは、マーラー（チェコの作曲家で交響曲が有名）のシンフォニーの第三楽章にも劣らないくらい美しいクラシックの響きです。

ふだんあまり聴かない人にとって、クラシックは近寄りにくい音楽とも思われがちですが、意外と暮らしの中にクラシックは溢れています。

息子はケーブルTVのカートゥーンチャンネルが大好きで、よく「トムとジェリー」や「トゥイーティー」を見ます。この「トムとジェリー」はかなりブラックな内容でトムの命が何個あってもたりないくらいジェリーにやられっぱなし。子供には残酷ともいえるジェリーの仕打ちに「おいおい、子供に見せる番組でこんなのあり？」なんて思ってしまいます。

この「トムとジェリー」、実は信じられないくらいふんだんにクラシック音楽が使われています。それも、クラシックの真髄といえるような大作曲家のシンフォニーやバレエ音楽、オペラなど。ピアノやヴァイオリンの曲もたくさん出てきます。なかなかブラックな内容ではありますが、音楽でそれを和らげているのです。

TVのドラマやCMにもクラシックはたくさんあります。クラシック愛好家でないとそれが誰の作曲でどんな題名なのかはわからないでしょう。しかし、メロディーを聴けば知っている曲がたくさんあります。「いいな」と思った曲のタイトルがわかれば ipod などで簡単に何度でも聴くことができます。

そんなわけでクラシックは思いのほか身近な音楽なのです。クラシックとそうでないものの境界線がはっきりとあるわけではありません。たとえば、イタリア映画の素敵な名曲をたくさん作曲しているモリコーネの音楽は弦楽器やクラシック楽器をふんだんに使っていることからクラシックともいえますし、クラシックの完全なスタイルではないことからイージーリスニングともいわれます。そんなグレーなジャンルの音楽も聴き方によって「マイ・フェイバリット」な音楽として聴くレパートリーに加えられたら幸せですね。

「子供と音楽の関わり」というテーマを投げかけると、なにも難しい音楽を聴かせなくてもお母さんの子守歌や歌声だけでも十分幸せなのではないか、というご意見をいくつかいただきます。たとえ下手でもお母さんが歌ってあげることが大切だ、ということですね。「子供にとっては、素晴らしい演奏家の演奏よりも、母親の愛情のこもった子守歌のほうが最高の曲かもしれません。俗悪といわれる歌謡曲のバラードであっても子供のために歌っていることの曲は世界で一番だと信じています」とのコメントをいただき、もっともだと思いました。

お母さんの声は胎児のときから一番身近で安心できるものとして子供がインプットしているものです。お母さんが生まれる前の赤ちゃんにも生まれた赤ちゃんにも「赤ちゃん言葉」

で話しかけるのは、お母さんと赤ちゃんが音としてコミュニケーションをとっているからだそうです。コミュニケーションを引っ張るのが上手なお母さんは「どうしたのオオオ？」とか「きれいねエエエ」というように語尾を上げて対応しているといいます。この音のやりとりが音楽の原点であるともいわれます。そのすぐ先の延長線にママが歌ってあげることがあると思います。また、赤ちゃんの「ウウ、アア」という声は心地よいことを表しており、それをプレジャーサイン、イコール歌声として見なすと「ウウ、アア」は歌声の第一歩目。お母さんの歌声や語りかけがとても大切だと、音楽教育の専門家、志村洋子さんがいっています。

志村さんによると小さい子で「歌えない」子が増えているということです。しかし、音痴は自分で再生することができないだけで音感がないのとは違うそうです。お母さんや身近な人がどれだけ歌っているか歌っていないかが、歌える子になるかどうかの分かれ道になるそうです。

きっとどんな歌でもお母さんや周りの人が子供に歌ってあげることは良いとは思うのですが、どうも日本の子守歌は暗いですよね。五木の子守歌、中国地方の子守歌、その他いずれもすごく愚痴っぽい。ほとんど「早く寝ろ」とか「寝なくて憎らしい」とか「いっそ捨てたい、殺したい」なんていうのもあります。大人の悲哀の感情を歌っているものが多く、それを子供にぶつけていいのかな？　なんて思ってしまいます。西洋の子守歌はシューベルトやブラームスの他、当地子守歌を聴いていても可愛い、愛しいなどの温かい感情を歌っています。大人の感情とはいえ芸術的にも高いものが多いのです。

ともあれ、まず導入はお母さんの歌。それは音楽環境の出だしを作ることにおいて大きな意味を持ちます。

私が子供に良い音楽を聴かせたいと思う理由は、

①音楽がもたらす心地よい環境に身をおける。

②音感・リズム感の発達によって将来より高いクオリティーの音楽を楽しむ素地になる。

③アルファ波・エンドルフィン・ゆらぎなど、身体のために良いものをたくさん取り込める。

この三つです。「お母さんの歌声」はまさにその一番なのです。

けれど、②と③をお母さんの歌声だけで得られるでしょうか？　多分難しいと思います。私はここでクラシック音楽がとても役に立つと考えています。クラシックを簡単にまとめた図をご紹介しますので、参考にしていただければと思います。

何を聴かせたらいいか？

図でごらんいただくとよくわかりますが、私たちがもっともよく耳にする作曲家の名前は古典派とその前後の時代ですよね。その時代の名曲が今日まで残って、さらに世界中で愛聴されているなんてなんだかすごい。この時代のクラシックは特に魅力的な中身があるからでしょう。

音楽心理の専門家、梅本堯夫氏の著書によると、ある実験で、生後四ヶ月くらいからお母さんが子供の声の高さでまねしてあげると赤ちゃんはお母さんの声を正確に模倣できたそうです。ただ、三歳まではそれができるのに、四歳くらいからなぜかその能力がダウンしてしまうそうです。ところが、九歳くらいまでには再びできるようになることが多いとか。乳児の時期には多分素直に音としてとらえているけれど、それを過ぎると、幼児言葉で話す経験が急に増えます。言葉が出始めると、それまでの音を合わせるだけの声のマッチングを変な

〈クラシック早分かり〉

歴史分け	
ルネッサンス　1600年以前	
バロック　17C～18Cはじめ	バッハ、ヘンデル、ヴィバルディ
古典(クラシック)　18C中	ハイドン、モーツアルト、ベートーヴェン
ロマン派　19C	シューベルト、ショパン、シューマン、リスト、ベルリオーズ
後期ロマン派　19C後半	ブラームス、マーラー、R．シュトラウス、チャイコフスキー
近代　19C終り～20Cはじめ	フランス系（印象派）……ドビュッシー、ラヴェル、フォーレ ロシア系……プロコフィエフ、ストラヴィンスキー、シェーンベルグ その他（国民学派など）……ドボルザーク、スメタナ、グリーグ、シベリウス

アーティスト分け
ピアニスト、ヴァイオリニスト他、独奏楽器奏者
指揮者
オーケストラ（ベルリンフィル、ウィーンフィル……）
歌手
弦楽四重奏、他、室内楽団

ジャンル分け	
声　楽	1．オペラ　2．歌曲（リート）　3．合唱
器　楽	ピアノ、ヴァイオリン、他。楽器1～2台の演奏
室内楽	楽器2～10台くらい。 トリオ（3）、カルテット（4）、クインテット（5）
交響楽	80名くらいのオーケストラ。4～5楽章の曲
管弦楽	交響楽のようなオーケストラの編成だが演奏する曲が必ずしも楽章に分かれていない場合の呼び方
協奏曲	独奏楽器とオーケストラ

楽器分け	
打楽器	ピアノ、マリンバ、太鼓群
弦楽器	ヴァイオリン、ヴィオラ、チェロ、コントラバス、ハープ、ギター
管楽器	1．木管楽器 フルート、オーボエ、ファゴット、クラリネット 2．金管楽器 トランペット、ホルン、トロンボーン、チューバ

ものととらえて急にできなくなるのではないか。そして、小学校三年生くらいまでに言葉が脳内に心地よく納まってくると、再び音のマッチングができるようになるのではないかというのです。

この九歳くらいからは音楽に対しても好みが出て、自分で好きな曲を聴くようになります。ですから私は胎児から九歳より前までに親がどんな音楽環境を与えるかがとても大切だと思っています。そのあと自分の好みが出てきたら、自分にとって「楽しい」「気持ちいい」音楽を自ら選ぶことができます。私が初めて買ったレコードは小学校二年生の時のもので「モンキーズのテーマ」、次がマチャアキ。それからビートルズ、しばらくしてクイーンのように変化していきました。ロックやポップスは放っておいても子供が大きくなれば勝手に聴いて楽しめる音楽なのです。でも、その前に今まで書いてきた理由全てを考えて、ぜひクラシックを聴かせていただきたいのです。

胎児の頃は、お母さんが一番気持ち良いと思う音楽が良いので、どんなクラシックのジャンルの曲でもお好きなものがいいと思います。モーツアルトは万人にとって良い音楽といえて、胎児からずっと一生聴いてほしい作曲家でもあります。しかもモーツアルトは特に神経科や産婦人科、心理学専門家などが高く推薦する音楽。アルファ波誘導のためにも注目されています。私はモーツアルトの中でも、ピアノとヴァイオリンのソナタや協奏曲、などをおすすめします。オペラ曲もいいのですが、歌詞は大きなインパクトをもちます。ドイツ語やイタリア語で意味がわからなくても、「殺す」「嫉妬」なんて言葉がたくさん入っている作品もあります。負の感情は生きていれば必ずあとからいくらでも感じるもの。言葉による感情、特に負の感情を人生の早い段階で先に取り込む必要はないと思います。それよりも、音楽本来のもつ良いものを吸収するには、できたら楽器音楽のほうがいいと思います。

一歳までに声の模倣ができるという実験結果を見ると、その頃聴かせる曲はメロディーラインがはっきりとしていて、しかも美しいものがいいと思います。ヴァイオリンやチェロ、フルートといった人間の声に近いものもいいでしょう。それもあまり細かい複雑なメロディーの動きではなくて、ゆったりして口ずさめるようなものがいいのです。たとえばこの本についているCDの中の『愛の挨拶』などは、その条件を満たすもの。メロディーが美しくゆったりとして、しかも「愛」に溢れています。バッハの『G線上のアリア』。ヘンデルの『ラルゴ』。ベートーヴェンの『ト長調のメヌエット』など、バロックから古典派にたくさんあります。ロマン派のシューマンの『トロイメライ』。ブラームスの『ワルツ変イ長調』もおすすめ。いずれも複雑すぎずきれいなメロディーを持ちます。

先のものとは別の実験で、一歳未満の乳児が反応した音楽は「歌」と交響曲を含んだ「器楽」だったそうです。実験者の想像とは異なり、意外と「リズム」だけを聴かせた場合に注意を引かなかったそうです。そのことから、一歳前後に聴かせたい音楽はリズムが際立つというよりもメロディーが綺麗なものをおすすめします。そして別の実験で協和音と不協和音に対する子供の反応を調べたところ、乳児は不協和音にまったく反応しなかったそうです。ですから、この時期にストラヴィンスキーやショスタコビッチなどの複雑な音楽は必要ないと思います。ご両親がよっぽど好きならもちろん構わないのですが、チョイスがあるとすれば美しく響く協和音をふんだんに使った音楽がいいでしょう。つまりバロックから古典派がぴったりなのです。

二歳になると運動反応が急激に増えます。私のコンサートでも、跳んだりはねたり、手を握ったりはなしたり、背中をのけぞらせるなんていう子もいます。しかし、音楽と同時の動きというわけではなく、音楽に誘発されていつもと違う反応をしているのです。だからまだ手拍子をすると全然合っていないお子さんがほとんどです。二歳児の特徴は歌を一生懸命まねして歌おうとする子、特に一曲終わってから、まねしてみようとすることもあげられます。また、この時期は言葉もずいぶん出てくる頃でもあります。

人間が耳で感じられる周波数は15ヘルツから20000ヘルツくらいだそうです。そして、わが日本語は125ヘルツから1500ヘルツ、アメリカの英語は2000ヘルツ以上だそうです。

これでは、日本人が英語やフランス語の発音が苦手なのは仕方ありませんね。ともあれ、この二歳の時期に脳にどんな周波数がもっともよく刷り込まれるかが決まります。ピアノの八十八鍵盤のうち、一番低い音は27・5ヘルツ、高い音が3520ヘルツです。実際に鳴っている音に「倍音」という関連した高音が同時になるので、モーツアルトの音楽でいえば3500〜4200ヘルツの高い周波数が豊富に含まれているそうです。この時期にクラシック音楽を聴くことは、その後に語学を習得するときにも大いに役立つと信じています。二歳児には運動反応も出てきますからこの時期にはメロディーに加えてリズム感のあるものをおすすめします。まだ、じっくりと理解して聴いているわけではないし、リズムが同期化できないでいますから興味の持てる華やかで楽しげなものがいいと思います。この本のCDではショパンの『子猫のワルツ』。ほかにはモンティの『チャールダーシュ』など。この『チャールダーシュ』はもともとジプシーの音楽で、出だしは憂いを帯びた退廃的な旋律、胸をしめつけられるようなジプシー特有のメロディーです。それが子供にいいとか悪いとか、ということでなく、途中から一転して躍動感溢れる早いリズムに変化します。速さが変わった瞬間に、二歳くらいの子達はぴょんぴょんと跳んだり、忙しそうに身体を揺らしたりするのをコンサートで何度も経験しました。そんなわけでテンポ感が正反対の部分を持ち、早い部分のノリがよい『チャールダーシュ』は子供にとって音楽の速さを認知する力を促す意味でおすすめです。モーツアルトの『アイネクライネナハトムジーク』。チャイコフスキーの『花のワルツ』を含む、バレエ組曲『くるみ割り人形』などもリズムが際立っていて、楽しげという意味でぴったりです。ワルツはこの時期からぜひ聴かせたいですね。小さな子にワルツの持つ3拍子の独特の雰囲気をつたえるために、身体を左右にスイングしてもらったり、くるくる回ってもらったりというヒントを少しだけあげると、本当に大喜びでぐるぐると回っています。

ワルツの音楽を早い時期に体得するのも先ほどの英語が2000ヘルツであるという話と同じように重要です。もともと日本人は農耕民族で畑を耕すリズムには2拍子しかありません。ヨーロッパは騎馬民族なので馬の駆け足のリズムによってワルツを生んだと言われます。だから世界的に有名な音楽家でも、「日本人の音楽家はワルツが下手くそ！」と、悔しいけれど昔ハンガリーの天才ピアニストから指摘されたことがあります。確かに3拍子は日本古来のものにはないリズムです。しかし、これだけグローバル化が進んでくるとわが子も国際人に育てたいと思うのは親の自然な思い。ひとまず、高い周波数の音楽とワルツを子供に与えてみませんか？　この本のCDでは『子猫のワルツ』のほかにクライスラーの『愛の喜び』『愛の悲しみ』が3拍子です。

さて二歳から三歳にかけて子供はだんだんと集中できるようになります。かなりの子供たちが五分間じっと座って音楽に耳を傾けることができるのです。それから音楽に対する認識も高いレベルに上がります。実験で、音のないリズムだけのものを聴かせたところ、一歳児も二歳児も反応は低く、三歳児も37パーセントがまったく無視、24パーセントは落ち着きがなくなってしまったとのこと。しかも、「お母さん、これ音楽じゃないよね」と指摘する子供もいたそうです。一方で一歳児があまり反応を見せなかった「不協和音」が三歳前後で反応を見せるそうです。実験で協和音と不協和音と何もでない三つのスイッチがあるブザーを持たせたところ、不協和音に反応する三歳児が多くいるそうです。そして四～五歳からまた協和音に対する反応が高くなる。

このような結果からも三歳の時期は多様な音楽を聴かせてあげたらいいと思います。不協和音をたくさん聴かせましょうということでは決してありませんけれど、古典派の協和音には使われていない洒落た和音や少し複雑な和音を使っている音楽を聴き始めるのに三歳児が良いと思うのです。今まで聴いていた美しいメロディーのものに加えて、ドビュッシーなどの近代に属する音楽を聴かせるのもいいと思います。この本のCDではマスネの『タイスの瞑想曲』を収録してあり、その他ドビュッシーの『ゴリウォークのケークウォーク』や『亜麻色の髪の乙女』、ラヴェルの『ボレロ』などもおすすめ。この『ボレロ』は息子が三歳のときにメロディーを口ずさんでいたのですが、よく聴けば「ぼ〜〜〜、ぼれぼれぼれ、ぼっぼれろ〜〜〜〜」を言っているではありませんか！　すわ、この子は天才かっ！　と思いました。しかし、ある日わかったのですが、人気番組のNHK教育テレビ「夕方クインテット（マペットと作曲家の宮川彬良さんが繰り広げる楽しい音楽会）」の中でボレロのメロディーに歌詞をつけたものだったのでした。ボレロは何度も何度も同じモチーフを繰り返すところに高い芸術性が加わった特別な音楽です。多様なものを聴かせる意味でも、繰り返しが大事な幼児期に聴かせる意味でも、おすすめの一曲です。

さて三歳から四歳にかけて、「音楽が鳴っているから身体を動かす」ということがめっきり減ります。コンサートでもお利口に座っている子は四歳から上。座っているからといって音楽への反応が減ったわけではありません。めちゃくちゃな反応ではなくて、音楽のリズムに合わせて手をたたいたり足を踏み鳴らしたりすることができるようになっているのです。また、一緒に踊ることにも積極的です。この頃に一緒にリズムをたたいたりすることは本人にもおもしろくて気持ちの良いことのようです。私が行進曲を演奏して客席に手拍子をしてもらうとき、手拍子が合っているのは親御さんと四歳前後以上のお子さんたちです。また、歌うこともただの真似ではなくて、自分でオリジナルのものを作ってしまうのもこの年代。さらに多様な音楽を聴かせてあげたいものです。この本のCDではリズム感の良いショパンの『英雄ポロネーズ』や手拍子の入ったシュトラウスの『ラデッキー行進曲』。このラデッキーマーチの中にはタンバリンでリズムを刻む音がピアノに合わせて入っています。タンバリン部分は1小節を2拍に刻む部分と、4拍細かく刻む部分を作りましたので、ぜひ一緒に手やリズム楽器をたたいてみてください。リズム感の促進にもなると思います。

また、数々の名行進曲がこの時期におすすめです。モーツァルト『トルコ行進曲』、ベートーヴェン『トルコ行進曲』(モーツアルトとは別です)、エルガー『威風堂々』等。オペラや劇音楽にもたくさん子供が聴いて楽しい曲があります。私のコンサートではビゼーの『アルルの女』から『ファランドール』でよく足踏みをしてもらいます。とってもシンプルなリズムとよく響くオクターブがすんなりと身体に吸収されます。そのあとに出てくるフルートのよく知られている美しい旋律との対比も興味深く、多種多様のスタイルがあることへの理解を導きます。

四歳児は雑音を聴かせてそれがなんの音かわかるといいます。音に対する確固たる認識ができ上がってきているのです。この頃に楽器のレッスンをスタートするお子さんがぽちぽち出てきます。実験の結果では、楽器または何らかの（西洋）音楽教育を受けているお子さんは和音への理解が高いといいます。ですから、行進曲のようにリズム感がはっきりしているものの他に、交響曲などのたくさんの楽器を使ってバラエティーに富んだ和音を発している音楽もおすすめします。交響楽というとハイドンから始まってかなり現代、それこそ『スター・ウォーズ』まで、名曲が山のようにあります。ベートーヴェンの交響曲の第5番『運命』は日本人の多くの人に知られる名曲です。この曲はSONYの財団であった「幼児開発協会」の実験でも子供にとても人気のあるものだったといいます。

五歳になるとほとんどの子供が手をたたいたり、足を揺らすという以外の運動をしなくなるそうです。普段の言動でもすっかりお兄ちゃま、お姉ちゃまになって落ち着いてくる頃ですよね。この時期にはもう自分の好きな音楽をきちんと聴くことができます。しかし、自分から即興的に歌を作って歌うことはまだ無理な時期ですから、まだまだ良い音楽をたくさん与えてあげたい年齢です。この時期には胎児から今まで聴いてきた音楽を繰り返し聴くこともおすすめします。五歳に限りませんが、音楽への理解が急激に高まる五歳の頃に、ぜひもう一度昔聴いた曲を聴かせてあげてください。

また、色々な楽器の音色を聴かせて「これはホルンっていう楽器の音よ」と、できたらホルンの絵でも見せてあげると、理解が深まります。また、プロコフィエフの『ピーターと狼』、サン＝サーンスの『動物の謝肉祭』など、クラシックの作曲家が子供に聴かせることも考えて作った作品も五歳児くらいからおすすめします。五歳児になると音楽の背景にある物語がわかってきますから、音楽によって今までとは違った具体的な想像力を育むことが可能になります。

「おもしろい音楽」もこの時期に最適です。プライアー作曲の『口笛吹と犬』という曲はオーケストラの曲ですが、楽団員の誰かが口笛を吹いたり犬の鳴き声をします。それまで聴いてきたクラシックに冗談がミックスされて、楽しい気分で聴くことができます。それから名人芸の曲も聴かせてあげたいですね。私がテクニック的に難しい曲を弾くと、五歳から上のお子さんは目をまん丸にして絶句していますが、素直に感動してくれているのです。サーカスを見るときの驚きと似ているかもしれませんが、楽器でこんなことができるということをわかってもらえる年齢なのです。この本のCDでは、ピアノでリストの『ラ・カンパネラ』、ヴァイオリンでサラサーテの『チゴイネルワイゼン』を入れています。

五歳から上の子供たちに音楽による反応の変化はほとんど見られなくなるそうです。しかし、自分で歌を作って自分で歌えるようになるのはだいたい小学校二年生くらいから。悲しい歌詞で即興をさせると、テンポが遅く重々しい小さな声で歌うケースが多く、楽しい歌詞には、弾むリズムで、音程の幅も広く大きな声で歌うそうです。つまり七歳くらいになると「楽しい感じ」「悲しい感じ」など、音楽の持つ性格をきちんと把握できるようになります。ここで、初めて暗い曲や悲しい曲など、本当の意味で多様なタイプの音楽を聴くことによって、自分の感情のバランスを音楽のバランスから学ぶことができると思います。また、その感情は曲想によって感じるものと、楽器によって感じるものがありますから、双方で幅広い作品を聴かせてあげられるといいですね。

オルガンの音などもとてもインパクトが強く、六～七歳の子供になると「重い音」「真面目な音」など音の響きをそれぞれ感じとっています。バッハの『トッカータとフーガ』なども候補です。

逆に四～五歳までに聴いても、どうかなと思われる作品は、たとえば複雑な現代音楽、音の重なりが近すぎて通（ツウ）にのみ好まれる弦楽四重奏など。小さな子に聴かせることに大きな意義が見えません。もちろん弦楽四重奏でもモーツアルトの『アイネクライネナハトムジーク』を弦楽四重奏用に編曲したものなど、十分子供にもわかりやすい素敵な曲がたくさんありますから、弦楽四重奏はダメ！　といっているわけではありません。ただ、チョイスがあれば他のものを先に聴いてもいいかもしれない、とは思うのです。それから、ワーグナーの楽劇『指輪』など、テーマがあまり重たいものも子供に聴かせる目的には不向きなような気がします。長いオペラの中には、素敵なアリアや序曲もあり、これもダメといっているのではありません。しかし、乳幼児のクラシック音楽の導入の時期に「死」や「嫉妬」などをテーマにしたものはいかがなものでしょうか？

九歳から先は大人と音楽への反応が変わらないといいますから、そのくらいから重いテーマの作品でも複雑なものでも、とにかくたくさん聴く機会があることはいいことだと思います。それぞれの年齢にあった良い音楽を見つけて、親子で楽しく聴くことができたら本当に幸せだと思います。

たくさんの曲の中からほんの数曲の例をあげてきて「もっとほかにぴったりの曲があるで

しょ！」というご意見がきそうです。しかし、あまりにもクラシック音楽の作品が多いので仕方ありません。この本はマニュアル本ではありませんから、「二歳になったらこの曲を聴いて、三歳になったらあの曲」のように年齢でばっさりと分けるつもりもありません。また、私があげた曲とは反対のタイプの曲を聴いてくださっても全然構わないのです。

大切なのはお子さんに一番近い人が、「好きな音楽」をゆっくり楽しんで聴くことだと信じています。その中で、「こんな曲がこんな年齢にいいのではないか？」というものを私なりに考察してみました。

〈年齢別・聴かせたい曲〉

年	特長	曲
～０歳	聴覚があり、パターンとして音を聴き取れる	お母さんが好きでくつろげる曲
０歳	声の模倣ができるようになる	メロディーラインがはっきりとした美しいもの
１歳	不協和音には反応しない	美しく響く協和音をふんだんに使った曲
２歳	運動反応が急激に増える	メロディーに加えてリズム感のあるもの
３歳	集中力がつき、不協和音にも反応するようになる	洒落た和音や少し複雑な和音を使った曲も加える
４歳	音楽のリズムに合わせて手をたたいたり踊ったりする。音への認識ができてくる	さらに多様な曲。行進曲や交響曲などたくさんの楽器を使ったものなど
５歳	自分の好きな音楽をきちんと聴くことができる	これまで聴いた曲を繰り返す。物語や楽器名などとからめて聴く
６歳～	音楽の持つ性格を把握できるようになる	楽しい曲に加え、暗い曲や悲しい曲など幅広く取り入れる

１歳　「愛の挨拶」「G線上のアリア」「ラルゴ」「トロイメライ」
２歳　「子猫のワルツ」「チャールダーシュ」「花のワルツ」
３歳　「タイスの瞑想曲」「ボレロ」「ゴリウォークのケークウォーク」
４歳　「英雄ポロネーズ」「ラデツキー行進曲」「トルコ行進曲」「威風堂々」
５歳～「ラ・カンパネラ」「チゴイネルワイゼン」「ピーターと狼」「動物の謝肉祭」

第5章

楽器の演奏はいろいろな力を育てる

楽器のレッスンを始めるにあたって

音楽の環境を親が作ってあげることができれば、子供の心の成長になにかしら良い影響を与える大きな一歩になることがわかりましたが、聴くだけではなく自分で演奏することにも大きな意味があります。これは歌を歌うことでも良いのですが、楽器を弾くということは別の意味があります。楽器を弾くことの意味はまず脳のかなり広い部分を使ういわば全脳運動であることです。楽器を弾くには楽譜がある程度必要、というか楽譜があったほうがその後の上達がスムーズに進みます。楽譜を読むことで視覚を使い、指を動かすことで運動感覚を使い、どんな音が出るのかイメージすることで先を見通す能力が備わります。それは発達にとって非常に良いことだそうです。少し上達すると、たとえば出だしはこんな感じ、途中はこんなふうに盛り上がって終わりのところはこういうふうに、と経過の変化と見通しを考えられるようになります。そのことは最後まで予想する能力をつけ、先を見ることができるようになる、つまりいろんなことを考えて可能性を探す力をつけられるようになるのです。そのためか、楽器を弾くことによって人生や人間性が変わったという方も多くいらっしゃいます。

よく「ピアノを習わせたいのですが何歳くらいで始めたらよいでしょうか？」という質問を受けます。三歳からピアノをやっていた、なんて話を聞くと「うちの子も三歳で始めなくちゃ」と心が焦りますよね。私は幼児音楽教育の専門家ではありません。ドイツを初め様々な幼児向け音楽メソードを研究していらっしゃる方がいる中で、勝手なことをいっていると指摘されそうですが、今まで生徒にピアノレッスンをかなりの数の方々にしてきた経験からひとつ見えてきたことがあります。

私は高校生時代にアルバイトとしてピアノを教え始め、大学生時代はそれこそ高給取り並みの収入を得るくらいたくさんの生徒さんを取ってレッスンをしていました。出稽古のことも多く、当時乗っていた黄色のミラージュで毎週生徒さんたちが待つお宅に通ったものです。その後、留学中も各国の外交官夫人や駐在員夫人に頼まれてピアノレッスンし、帰国後に音楽大学講師をやめるまで二百人近い生徒さんに接してきました。

また、演奏家として恵まれた仕事をたくさんいただくようになってからは、なかなか生徒さんにレッスンをする時間がなかったので、自分で優秀なピアノ講師を採用して教室を開きました。それは「いい先生を紹介してください」と頼まれることがあまりにも多かったからです。ピアノ講師の募集をかけたところ二百名もの応募があり、書類選考して六十名の先生候補にお会いしました。いずれも一流音楽大学を卒業して、海外留学経験を持つ実力派ばかりでした。ただ、実力はあっても人間的に「?」という人や、場をまったく読めない人が生徒に良いレッスンをするとは思えませんでした。かといって感じはいいけど実力が寒い先生でも困ります。応募者の中から初めは六名を採用しました。いずれも「楽しくレッスンできる」タイプで、明るくマナーもよく、さりげなく気を使える先生たちでした。私がこの教室のモットーとしたのが「生徒の喜びは自分の喜び」ということ。そして私が作った講師用のマニュアルには、「ニコニコ笑顔、(なんだか子供の標語みたいだけど)、誉めます、聴きます、弾きます」などの言葉が入っていました。おかげさまで相当数の会員さんが集まり開講しました。毎週講師たちがレッスンしたことを報告書に書いてもらって私が読み、年二回はスタジオで会員の生徒さんに対してワンポイントレッスンを行いました。ここでも延べ百人近い生徒さんのピアノレッスンを間近に見る良い経験をしました。

三歳から入会できるのですが、正直いってほとんどの三歳のお子さんに本格的なピアノレッスンをするのは無理でした。ピアノはヴァイオリンと違って子供用のサイズがなく、鍵盤の大きさも重さも大人と同じものを使います。三歳児にとって鍵盤は大変重く大きなものです。まだ骨が柔らかいので、無理に重い鍵盤を押そうとすると指の関節に大変な負担がかかります。そのために理想的と思われる手の形を作ることができず、変な手の形になってしまいます。一度ついた癖は取るのがとても大変です。また、まだこの時期は字を読めないお子さんがほとんどですから楽譜を読むのもすんなりとはいきません。一応楽譜は用意しますが（絵がたくさん描いてある幼児向けのものがたくさんあります）、実際にはドレミのドはどんぐりのシールを鍵盤と楽譜の両方に貼ったりして楽譜への認識の第一歩を進みます。そんなわけで三歳のお子さんにはリトミックやオルフ（どちらも子供&ビギナー対象のメソード）を取り入れたり、リズムの感覚を導くような遊びを体験的に始めます。

お子さんの体格や身体的成長の具合にもよりますが、私は音感やリズム感を伸ばす下地づくりを二～三歳から始めて四～五歳で演奏のレッスンを始めるのが良いと考えています。特に専門家を目指す場合はピアノとヴァイオリンの二大楽器でしたら少なくとも六歳くらいまでにスタートしないと難しいです。それはこの二大楽器が技術的に大変難しいこと、楽器機能としてレベルが高いこと、演奏作品の奥が大変深いこと、が理由です。

私の同期で日本の女流ピアニスト第一線で活躍しているKさんは七歳でピアノをスタートしました。決して早いとはいえません。しかし、天性の才能をもっていたため十歳過ぎですでにヨーロッパのオーケストラと共演しています。彼女は専門家になるためにピアノを始めなければならない年齢にぎりぎり間に合い、しかもその後すごい才能が開いた例外ですが、ピアノ、ヴァイオリンの専門家になるためには五〜六歳までに（六歳でバシっと切るわけではありませんが）良い先生の指導のもとでレッスンを始めるのがいいでしょう。

ただし私は自分のピアノ教室でも生徒さんに専門家になることを決してすすめていません。私の後輩で世界コンクールを三つくらい制覇している女性がいます。小学校のときから友達と遊ぶことはほとんどなく、修学旅行にも音の出ない鍵盤だけの携帯ピアノ（ふたつ折りでかなり大きい）をお母様が旅行先に送ったといいます。確かにコンクールでひとつもミスをしない見事な演奏をするかもしれないけれど、ちょっと辛い子供時代を想像してしまいます。また私より一回りくらい年上の有名なピアニストの女性のコンサートに行きましたら、顔面神経痛のように顔を歪めて弾いていました。音楽は完璧にお手本のようでしたが、ちっとも楽しめませんでした。

でも、これは音楽の世界に限ったことではなく、スポーツでもアイススケートやバレエでもプロを目指すためには子供の頃からたくさんのことを我慢して努力しなければなりません。ただ、スポーツ系は身体の悪いエネルギーも運動として発散できそうだから暗いモードになりにくい感じがします。ピアノは重労働で運動もたくさんするとはいえ、地味でこつこつした練習の繰り返し。子供にとっては苦痛な作業です。プロを目指すのも元はといえば親の思い入れによるものでしょう。世界的な第一人者になれたとしても人間としてなにかを犠牲にして初めて得られる地位です。ましてや成功できなかった人の失ったものは大きいはずです。そんな意味でも音楽に関して、私はプロを目指さないで様々な分野の社会人として楽器が弾けるのが人としてとても幸せなのではないかと思います。親御さんがそんな気持ちで子供の楽器のレッスンを続けていたら、あまりにも才能があるためにどんどんのびて本人もプロを目指す気になった、なんていうことがあればそれは理想的なプロへの道。プロとして素敵な演奏家になれるかもしれません。

そういう意味でアマチュアピアノコンクールは本当に素晴らしいものでした。プロ向けのコンクールは必ず嫌な空気が流れていて、雰囲気がよくありません。参加者の緊張感は針でさしたように痛いのです。一度イタリアの国際ピアノコンクールを受けたとき、第二次予選で出番の前に舞台近くの小さなお手洗いに行きました。トイレからすごい声でげーげー吐いている音がします。出てきたのは熊のように大きなオランダの男性参加者。「大きな男の人でもすごく緊張するんだな」なんて妙に感心してしまいました。コンクールの雰囲気が悪いのは緊張に加えて「お前なんかに負けてたまるか」、「俺が一番になってやる」という欲の固まりのためです。そして「毎日十時間の練習を何ヶ月も続けてきたのに失敗したらどうしよう?」という恐怖感の混ざり合ったネガティブな空気。それが充満している場がプロのコンクールなのです。

しかしアマチュアのコンクールは違います。技術的にも優れている上に、参加者が本当に楽しそうに弾いている。ピアノを弾く喜びを全身で表しています。学生オーケストラも同じ。社会人として仕事を持っていて、しかも音楽が楽しめることは私が考える市民としての理想です。プロでそういう気持ちを持っている演奏家ももちろん多数いますが、鍛錬の末、いつの間にか忘れてしまいがちなのも事実です。

楽器が弾けると良い子に育つ三つの理由

楽器が弾けることは、人生においてどんなメリットがあるのでしょうか。三つの項目にまとめてみました。

1. 表現する喜び

一つめは、演奏することによって喜びを得られること。それは達成感や表現がうまく出来たことへの満足。どんな楽器であっても一番初めから簡単に弾くことは出来ないので、ある程度努力したあとに達成感が得られることは心の発達にとても有意義です。また、楽器で一曲弾けるようになることでひとつのことをやりとげる集中力が生まれます。

e-woman のサーベイでも楽器を弾く喜びについてたくさんの意見が寄せられています。育児中に気が滅入ると好きな曲の楽譜を買ってきては練習し、マンネリな生活にフレッシュな風が吹きこんだ気持ちになれた、というご意見の方はその後息子さんもピアノを習って音楽を家族で身近に楽しめるようになったといいます。良い子が育つにはお母様の気持ちが大きく影響しますから、お母様自身がマンネリの生活に辟易した状態では、子供がのびのびと育ちにくいでしょう。音楽を聴くのはもちろん、楽器を演奏することでそんな鬱々とした気分が晴れて気持ちよく毎日を過ごすことができたら子供にとっても幸福です。しかも、子供もその演奏を聴いて音への好奇心がわき、身近に音楽を感じられるようになるのですから一石二鳥です。

育児でなくても社会人になるとストレスの多い生活になることもあります。精神的な病気になる一歩手前の状態を経験してしまったという方が、休日にピアノを思う存分弾くと気持ちが安定してくることが多いと気づいたそうです。ストレス解消に一役かってくれてピアノがあったおかげで大きなトラブルにならないうちに自分自身を立て直すことができたそうです。

楽器を習っているとおのずと歌にも興味が出るようで、のちにコーラス部にも参加する人が多いですね。楽器をやっていた人は合唱でも自分のパートの音をとる（音がわかる）のがとても楽なのです。「音楽は歌うのも聴くのも弾くのも心をウキウキさせてパワーやイマジネーションをくれます、自分のピアノで子供が歌うのは本当に楽しいです」というご意見もいただきました。また、楽器の先生に様々なことを教えてもらい「音楽って楽しい」と思えるきっかけを作ってもらったという方も多くいます。

このように楽器を弾ける喜びは、勝ち負けのあるスポーツなどでは得られないような良いことがたくさんあるのです。

2．コミュニケーション力を高める

二番目はコミュニケーションのために良い役目をするということです。ピアノ以外の楽器は、無伴奏ソナタなどまったく一つの楽器だけで演奏する名曲もありますが、伴奏や合奏がないと味気ないことが多く、たいていは二人以上が集まって演奏します。ピアノは一人でも演奏を完結できる一方、伴奏や室内楽、協奏曲などでいろいろな人と共演する機会も数多くあります。つまり、ほとんどの場合、楽器を演奏するには自分以外の人間とコミュニケートしなければ音楽が奏でられないのです。

小さいときにピアノを習ったあとにユーフォニアム（管楽器）で吹奏楽にはまりこんでしまった方が、吹奏楽のチーム力が鍛えられていく感じをとても楽しめたそうです。全員が全体の構成を理解し意識しつつ、自分のパートに責任を持つ。みんなで同じイメージを共有しつつ演奏するととても素敵な音が鳴り響くことを実感し、その実感できる瞬間の陶酔感は忘れられないものだといいます。それは職場でもひとつの仕事を完了させるために社員が気持ちを合わせるのとよく似ていますよね。そんな気持ちで仕事をすると、とてもはかどるのではないでしょうか？　同じ曲を演奏するという作業によってどんな人とでも交流できることも楽器演奏の利点です。

お教室でも素敵なコミュニケーションに出会えます。フルートにあこがれていた方がネットで無料体験レッスンに行き初心者クラスに入会したそうです。それぞれのペースでぼちぼち楽しく続けられるようにしましょう、という先生のもとで一年半とってても楽しく続いているそうです。ＯＬ・学生・主婦などバラエティーに富んだグループで楽しく合奏したりしてその間やめた生徒はいないとのこと。色々な人に知り合える良い機会でもあります。

また、子供の頃ピアノを習ったものの十年くらいのレッスンを境にやめてしまった方がカナダに留学したおりの話。言葉ができなかった彼女がピアノを再開したところたくさんの人に演奏を喜んでもらえたり、ホストシスターに教えてあげたりしてとても助けになったということです。

外国の要人でプロ並みの演奏をする人もたくさんいます。私は、彼らがパーティーなどで演奏し、社交をスムーズにしている光景をいく度も目の当たりにしました。楽器が言葉を超えたコミュニケーションの道具として重宝していることのあらわれです。

普段生活しているとなかなか異業種の方に会う機会がありませんが、楽器の演奏をすることによって、まったく異なる世界の人と気持ちを一つにすることができます。スポーツサークルでも同じことがいえますが、音楽に勝ち負けはありません。また、流行のダンスも楽しくコミュニケートできそうですが、何分にもダンスは見せることを目的とするジャンル。音楽を全員で奏でる作業には自意識がそれほどいりません。自分たちの耳で一回ずつトライ＆エラーを繰り返しながらより高い演奏を目指す。コミュニケーションとして素晴らしい形なのではないでしょうか。

3．演奏をこなすと自信がつく

楽器が心にもたらす三番目のメリットは「自信がつく」ということです。結婚披露パーティーでのエピソードを二つほど紹介します。

三年ほどアルトサックスを習っていた方が友人の結婚披露宴でジャズを演奏して大変喜ば

れたとのこと。共演のピアニストが一緒に練習したとき持参した楽譜を見て「よく練習していますね、楽譜をみればわかりますよ」といわれ、当日のお客様からは「ここでジャズが聴けるとは思いませんでした。とても良かった」といわれ本当に嬉しかったそうです。

二胡を衝動的に始めてすっかりはまってしまったとおっしゃる方は、やはり友人の結婚式で新郎新婦からもゲストの皆さんからも「すごい！」と誉めてもらえて、大変嬉しかったとのこと。聴いている人が喜んでくれることは、人間として良いことを周りと共有できたということ、その満足感を得られるって素晴らしいことです。

またフルートを触ったこともなかった方が一年半とても楽しくレッスンして「趣味はフルートです」と人にいえるようになったそうです。一つ自信を持って思い入れることがあるのも素敵です。また何かのときにちょっと演奏することって、かっこいいじゃないですか。それによってちょっとした自信が持てたら人生にも張り合いが出るというものです。

楽器が弾けるということがいかに素晴らしい時をもたらしてくれるかはおわかりいただけたと思います。ただ、楽器が弾けるようになるまでは「楽しい」ばかりの工程ではありません。ピアノやヴァイオリンは特に楽器が難しく、四〜五歳といえども毎日ある程度の時間練習しないとちっとも上達しません。同じ先生に同じようにレッスンを受けていても、楽しく続けられる子もいるし、どちらかというとそれほど好きでない子もいます。楽しく弾ける子はなんの問題もなく上達して、またそれを楽しみます。そうでない子は「やめたい」という日が遅かれ早かれやってきます。

けれど私は「そうでない子」にも、親御さんがなだめすかしながらでも、できるだけレッスンを続けてもらいたいのです。それは今まで書いてきたように、楽器を演奏することが将来人生を歩むプラスアルファの方向に必ず役に立つと思うからです。

「小さいときに楽器を習わせてもらえれば良かった」という方がたくさんいます。一方サーベイに寄せられたこんな投稿に代表される方も多いです。

「小学生のころは練習がいやで弾いていると眠くなりました。母親に無理矢理続けさせられてきたのですが、今になっては感謝しています」。この方は育児の合間にピアノを弾いて生活に張りを得ているそうです。子供のときに少しでも楽器を習っていた方のリカバリーは、全然習っていなかった方がスタートするより、ずっと早いのです。私の教室のアダルトコースの会員も、完全に初めての方に比べ、子供のころにわずか二年習っていた方はあっという間に上達します。大人になってからの二年の差とは全然違います。

もちろん本当に毛嫌いしている子にも続けさせなさい、とはいいません。ただ、音楽の持つ可能性を考えると、そのお子さんが毛嫌いしている理由がわかれば続けることも可能だと思います。たいがいは先生が良くないことが多いと思います。プロを目指す子に教えるマニュアル、つまり自分たちが受けてきたレッスンを押し付けたらたいがいの子供はレッスンを苦痛にしか思わないでしょう。楽器嫌い、音楽嫌いの子供ができてしまいます。先生には「楽しさを基本に考えたレッスン」とはどういうものなのか掘り下げてもらいたいと思っています。そして、皆さんがそんな先生を見つけられるように祈ります。

多少レッスンがいやでも、「今では感謝している」とおっしゃる方は本当に多いのです。また楽器が弾けることは、自分をねぎらってあげたり、周りに喜んでもらえたり、と人生に良いことをたくさんもたらしてくれます。

第6章

「絶対音感」信仰と音感教育の誤解

絶対音感って何？

何年か前に『絶対音感』という本が話題になりましたよね。私はいまだに読んでいないのですが、その本のことを知ったのは口の悪い同業者からの電話でした。

「おまえ、『絶対音感』って本知ってる？」

「知らない。今ね、赤ん坊抱えて十日に八公演こなして、膨大なレパートリーを練習してるのよ。どこに本読む暇あると思う？」

当時私は高齢出産なのに産後二ヶ月でステージに復帰し、岡山、山口など十日間で八箇所の公演を行ったりメニエル氏病と戦ったりしていました。なにしろ、夜中も二時間毎の授乳。実の母と現地のベビーシッターとで私がいない時間だけはベビーの世話をしてくれていましたが。その四人が岡山のホテルグランビアを拠点の宿にして、私だけが毎日公演地と岡山を往復していました。公演が終わりやっとの思いでホテルに帰ってくると「あー、良かった、帰ってきてくれて。泣き止まなくてね。はい！」とベビーを渡されて、母はさっさと自分の部屋（夜泣きするので別の部屋をとっていた）へ帰っていきます。服を着替えたか着替えないかで渡されたベビーにおっぱいをやります。授乳をするのは女性としての喜びではありましたが、演奏会場まで車に揺られ二時間のリハーサル、ヘアメーク、二時間の本番演奏を終えて車でようやくホテルに帰りついた私は一分でも早く横になって休みたかったのです。仕事をしている女性もしていない女性も、生まれて数ヶ月の「眠い〜〜〜」という気持ちを思い出すと、結構辛いですよね。もちろん、赤ちゃんによっては、ぐうぐう朝まで寝る子もいるとか。羨ましいなあ、うちはかなりこまごまと泣きました。

とにかく当時まとめて取れる睡眠時間が二時間あればいい方。しかし、二時間あればピアノに向かって練習をしなければいけないのはクラシックピアニストの宿命です。その練習もろくにできず、産後すぐから始まった子育てのために一日中起きているような生活が一ヶ月続いていました。テレビを見る暇もなければ、大好きな本だって一行も読めないのです。

「で、何その本？」

「だからさ、今はやってる本だよ。それも一般受けしてるって」

「誰が書いてるの？」

「それがさ、なんでも音楽家じゃなくて、しかも絶対音感がないヤツが書いてるって」

「なに？　それ」

「なんかさ、絶対音感とか音感についてあんまりわかってないみたいなんだよね。だけどその本でなんかの賞まで獲ってるらしいぜ」

「でも、賞獲れるくらいなら、きっちり書いてるんでしょう？」

「どうかな。何人かちょっと有名な楽隊屋（音楽家は自分たちをこう呼ぶ）数だけ集めて、そいつらのコメントを並べてさ、それらしく書いてるんだけど、その数ってのが半端じゃなくてさ……。それも、絶対音感ねーヤツが『私は絶対音感があるんですが……』っていってるのをそのまま載せてるんだ」

「ふーん、半端じゃない数の有名音楽家のコメントとれるだけで立派じゃない。だけど、絶対音感ない人が『私は絶対音感があるのですが。』って言うのはまずいよね。」

「まずいなんてもんじゃないよ。」

「でもなんで嘘つくんだろ？」

「音楽家なのに絶対音感がないのが恥なんだろ、きっと。」

「えー？　音楽性とテクニックがないと困るけれど、絶対音感がなくても困らないよね。で、そんな人のコメントだらけなの？」

「コメントだけじゃなくて、一般人がわかりそうにないような本から抜いてきたことを並べてるんだよ」

「ふーん、そんな本が何で一般の人の興味を引くわけ？」と率直な疑問を投げかけた。

「知らねーよ。絶対音感って言葉が珍しいんだろ。絶対音感が天から与えられた特別なお宝みたいな誤解を一般の人に与えないか心配だな。金科玉条みたいな印象与えているとしたらまずいじゃないか」

　確かにそれは誤解だ。

「で、結論はなんだって？」

「結論はなんかあいまいだな。書いてるヤツにも結局はっきりわかってねーのかも」

　反論するとまた怒られそうだ。

「じゃ、○○ちゃんが本当の絶対音感って本書いたらいいじゃない」

「そやな、書いたる！」

　それから数年がたち、友人が本を上梓した話は全然聞きません。私もあいかわらずその本を読んでいません。すみません。子供も成長し、ようやく少しは自分の時間が取れるかと思いきや、幼児とはいえどもお稽古やら教室の送り迎えで意外と忙しい。それでも夜は寝てくれるから本を読む時間が少しは出来たのですが、睡魔が襲ってきて早寝をしてしまいます。何とか起きていられるときは自分の好きな本を優先してしまい、今となっては『絶対音感』本もヒット期間切れらしく書店でお目にかからない。そんなわけで肝心の本を読まないまま今日に至っています。

それにしても、絶対音感。そんなに興味をそそられる物なのでしょうか。私の子供の頃の記憶を呼び戻します。

誰かがピアノをポンと鳴らします。

「ミ」

また、鳴らします。

「シのフラット」

「すごーい。ユミちゃん見ないで全部音がわかるの？　音感がいいのね」

照れ臭い気持ちの私はおそらく八歳くらいでしょうか。六歳でピアノを始めてから、二年以内でピアノの鍵盤88鍵の音は全部聴けばどの音かわかりました。

私は航空会社に勤める父の転勤で生後、数ヶ月でブリティッシュ香港に移り住みました。新しモノ好きの父はドルでもらう高給料をいいことにMGのスポーツカー（Aタイプ、シルバーブルーの今思い出しても素敵な車でした！）や当時の最新ものを買い込んでいました。中でも、世に出たばかりのハイファイステレオで毎晩LP盤を回すのを楽しみにしていたようです。何を聴いていたかというとスタンダードジャズピアノトリオ。多分、オスカー・ピーターソンの若い時分のものやビル・エバンス。そしてビッグバンド。それとは別になぜかルービンシュタインが大好きで、それもショパンの『ノクターン』はレコードの溝が消えるほどよく聴いていました。私の深層心理にどのくらい残っているか計れませんが、今は骨董品となった33回転LPのダンボール製のジャケットの図柄をはっきりと覚えています。我が家の定番であったことに間違いありません。

実は私の親族に音楽家はひとりもいません。少しでも音楽に関わっていた人間はたったひとり、父の妹、つまり私の叔母が趣味でピアノを習っていたくらいです。しかしその叔母のピアノも頻繁に聴いていたわけではありませんでした。

私の音楽環境は大きなステレオから流れるLPの音。そしてもうひとつ。母が口ずさむ鼻歌でした。母は香港日本人会のコーラスグループに入っていて、レパートリーをよく家でも口ずさんでいました。とにかく当時は歌うのが好きな人でした。私が乳児の頃から母が知っている限りの童謡や子守唄を歌ってくれたのです。私の息子が生まれて母がおばあちゃんとなった時、孫を抱いて歌っているのを聴いて思わず笑ってしまいました。「ねーんねん、ころーりーよ」。三十ン年前に聴いたのと全然変わっていません。

ピアニストのインタビューなどで「赤ちゃんの頃から父がモーツアルトを毎朝、毎晩聴かせてくれていました。音感をつけるためです」「母が朝から晩までクラシックのレコードをかけて私に聴かせていました」なんてコメントを読むと「はー、すごいなー。教育熱心なんだなー」と感心します。でも、そんな人の演奏が必ずしも素敵だとはかぎらないんですが。

私がピアノを始めたのは六歳の時です。とにかく高温多湿の香港だったし、私もまだ小さかったので当時かなりの高額だったピアノを買うのは日本に帰国してからにしよう、ということになりました。私は本当にピアノが好きな子で、およばれでうかがったヨソのお宅にピアノがあると、「どうしてもピアノが弾きたい」とゴネたそうです。私の母は半端でなく厳しいタイプ、ましてや世界的にも厳しい子育てで知られるイギリス文化圏に生活していたから、厳しい社会と厳しい子育てがぴったりはまって怖いのなんのって。ゆえに、私はとてもお利口ちゃんで行儀の良い子でした。そんな子が「ピアノが弾きたい」とゴネる。家の主が

「弾いてもいいわよ」などといってくれた日には一時間でも二時間でも飽きることなく弾き続けたといいます。数分が集中力の限界である幼児が二時間ピアノで遊ぶ。とにかくピアノが大好きだったことに間違いはありませんでした。

かくして帰国した私を待たせることはもうできない、といっても、ドルでもらった高給をスポーツカーやステレオにぽんぽん使ってしまった父にピアノのような高額品を買うお金もない。で、母は実家の父に頼み込んでピアノを買ってもらったのです。

そしてレッスンです。ピアノの先生は良いほうがいい、と考えた母ですが親戚中探しても音楽の心得のある者などひとりもいません。仕方なく父の妹が習っている先生に頼むことにしました。「上野を出て（今の藝大）、レオ・シロタの一番弟子で世界的なピアニストだ」と父が興奮して絶対にこの先生だというので他に選択の余地はありませんでした（が、実はこの情報、藝大出という以外は間違いでした）。母にも良いピアノの先生のツテはありません。結局その先生の門をたたきましたが、この先生は初心者を教えないとおっしゃり、弟子の先生から手ほどきを受けました。

弟子の先生のほうが今思うとずっと良い指導者で、私は着々と基礎を身につけていきました。今はあまり使われていませんが「バイエル」という教則本があります。どれもこれもすぐ弾けるようになってしまい、二年くらいで赤・黄色、上下二冊の教則本が終わる頃にはテレビから聞こえる流行歌、他の子がレッスンしている曲などを自分自身で同じ音を弾けるようになっていました。これが私の絶対音感の物心のようなものです。

絶対音感はなかなか定義が難しい観念です。ある本には「ある音を聴いたときに、他の音と較べなくても（見本の音がなくても）、音の名前がいえること」とあり、ある本には「他の音と比較せずとも識別できる能力」とあります。まあ、同じようなことで、その言葉通りなのですが、私にとっては、音自体が「ド～～～」とか「ファ#～～～～」とかいいながら鳴っている感覚。ピアノでもヴァイオリンでも歌でも同じで（歌は歌詞があるから音がド～～～とはいっていないけど歌詞とともにド～～～と聴こえる）、音が自分でドレミをいいながら鳴っているのです。

これは、仲良しのヴァイオリニストの川井郁子さんを始め多くの演奏家仲間も全く同じ意見で、きっと絶対音感をもつ人は皆、こんな感覚なのではないでしょうか？

この感覚が役に立つのは、音楽を聴いてメロディーも伴奏もドレミで覚えられてしまうこと。だから、気に入った音楽なら、その場で楽譜を書いてしまえるのです。そうなると、自分で想像した音を楽譜にする、つまり作曲してそれを書き残すことが可能になります。私は六歳の時、初めて自分の曲を五線紙に書き留めています。今でも笑ってしまう汚い音符がものすごく太い五線紙に羅列してあって、しかもタイトルが「雨の恵比寿」。作曲のセンスは別として、絶対音感があったからこそ、未だに楽譜が残っているのです。

しかし、音楽的環境が整っていても、この絶対音感がまったく得られない人もいます。音楽高校の同級生はご両親が音楽家、三歳からピアノを始めたにもかかわらず、まったく絶対音感がないのです。この辺が、摩訶不思議で絶対音感がなかなかはっきり解明されない理由なのでしょう。

絶対音感をつけるための訓練用のCDがあるとのこと。すごいな、本当にそのCDでつけられるのかな？　と思ってしまいました。私は高校生の時からピアノの先生のアルバイトを始めて、二十六歳で某音楽大学の講師を七年務め、通算「ピアノ教える歴」二十ン年。その間にかなりの数の大人から子供のピアノを教えていました。その頃子供に教えるときに「この子に絶対音感をつけさせよう」なんて微塵もおもっていませんでしたが、ピアノ演奏のほかに音感を引き出すようなプログラムを自分で考えて実践していました。それはとってもシンプルな方法で、短いメロディーをその場で私が考えてピアノで弾きます。生徒には鍵盤が見えないように立ってもらい、そのメロディーを復唱してもらうのです。

自分で考えたものでしたが、実はとっくに世界の音楽教室で実践されていたようです。私のところにピアノを手ほどきから習いに来る生徒さんはだいたい五歳から六歳、中には三歳の子もいました。三、四歳ですと、結局このメソードで、見ないで基本的な音がいえるようになるのが、六歳くらい。六歳でも数ヶ月後にはいえるようになるので、絶対音感が身につくのは、ドレミを理解できるという意味からも五〜六歳がもっとも早いようです。それから、メロディーだけではなく「ドミソ」や「シレソ」といったもっともシンプルな和音を弾いても見ないでいえるようになることを実践しました。これがわかるようになると、自分で考えたメロディーに和音の伴奏がつけられるようになるんですね。楽譜をそのとおり弾くだけでなく、音楽の世界が格段に広がります。

その和音の訓練もドミソ＝カード、シレソ＝カードといった、トランプのカードのようなものを作って、ゲーム感覚で音を聴くことを楽しめるよう工夫しました。お友達がいたら、何枚取れたかゲームのように競争できます。逆に「子供に音感をつけさせよう」的なアプローチはせっかく楽しい音の世界を台無しにしてしまうように思います。だから、カードを使ったり、時には素敵な音楽のメロディーの一部をドレミで歌ってみる、など、音の楽しさを損なわないように音感を培うことを心がけてきました。

絶対音感は必要でしょうか

絶対音感があると、あらゆるジャンルの音楽をパソコンに保存するかのように、心に残すとき本当に便利です。題名も歌手もわからない歌でとても気に入ってしまったとき、絶対音感のある人は楽譜にその場で書き留めることができる、という利点もあります。が、絶対音感を持っていなくても、大好きなメロディーは心に残せるし、今時MDやメモリースティックにいくらでも保存できますから、絶対音感がなくてはならないということにはなりません。

世界的なクラシックアーティストでも絶対音感を持たない人がたくさんいます。業界から嫌われるから、名前はいえませんが、世界的な指揮者で全然絶対音感がない人がいます。それでもその指揮者の音楽性は天才的なもので、楽団員がわざと意地悪して外れた音を出すと、とても憤慨してすぐさま指摘してくるそうです。指揮者といえば、私たちの世界では、全ての楽器への理解と最高の音楽の構築にもっとも優れた人という立場。そういう人に絶対音感がないなんて不思議な感じがするかもしれませんが、最高の音楽を奏でるために絶対音感は必ずしも必要なものではないということを示す一つの例といえます。

また、意外にも、あの素晴らしいアカペラのハーモニーで素晴らしい歌を歌うゴスペラーズのメンバーはみな、絶対音感を持っていないとのお話。「もし、絶対音感を持っていたらほかのメンバーが外した音を許せなくなるから、なくて良い」とTV番組でコメントされたそうです。絶対音感がなくても音が外れたらわかると思うので、多少「絶対音感」を勘違いされているとは思うのですが、本当に質の高い音楽や音楽性を構築するのに、絶対音感は必ずしも必要ではないといえます。

また、常にJAPAN ROCK界のTOPを行くB'zのギタリスト松本さんからも、貴重なご意見をいただきました。あるご縁から何度かお話する機会を持たせていただきましたが、私はB'zの音楽は本当に素敵だと思います。バンドをやっている人は星の数ほどいるでしょうし、レベルの高い人も多いと思います。しかし、B'zの音楽は簡単には真似して似たものを作れない独創的なもの。稲葉さんの歌詞も素晴らしいけれど、なんといっても松本さんの作曲はどんな音楽家も「すごい！」と思わずにはいられないのではないでしょうか。やたらに凝って難しくなると一般の人には聴きづらくなるけれど、B'zの音楽は音楽のさらなる可能性を追求しつつ、バランスよく難しすぎない。なかなかできないことですし、だからこそこんなに多くのファンが長年愛聴しているのでしょう。

あの作品の数々を作曲されている才能は類い稀だと思いますが、松本さんご本人は絶対音感がないそうです。「僕は思い浮かんだメロディーを歌ったり、ギターで弾いてみて、それを録音しておきます。レコーディングで使うのは簡単なコード譜程度です。ある時、事務所のスタッフがスコアに起こす作業をすることになりました。事務所のスタッフは絶対音感があるから、スコアに起こすのを簡単にやるけど、決まった枠の中での発想にしばられている気がしました。単純に理論に基づいて、自分の中で使って良い音、悪い音というルールを作ってしまうんです。僕にはそんなものがないから、とても自由に音楽をとらえて創作することができるんです」。このコメントには感動しました。

逆に絶対音感を持っていたためにイライラさせられるというコメントもよく聞きます。たとえば、パソコンや家電製品のウイーンという音、蚊の飛んでいる音が音符になってしまいイライラすると。けれど、そんなコメントをしている人って本当に絶対音感があるのでしょうか。電気音や蚊、鳥の声などは絶対ピッチにない音。私は六歳の頃、ふとんの中でよく救急車のサイレンを夜ぼーっと聞いていました。下のラから上のラまでなのですが、上のラがあがりきらないで、半端なところで下がってくるのがなんだか不思議でした。でも、それを気持ち悪いとは思わなかった。

絶対音感があれば、自然界にある音という音を音階で理解できると勘違いしている人も多いようですが、蚊や風の音は音階にない音。なぜかというと、音階とは1オクターブを便利に12個に分けて出来ていますが、実はオクターブ内に12個以上無数に音の高さがあり、日常聞こえている音の全てが12音でいえるはずがないのです。それをドレミで聴こえるといっている人は「絶対音感がない人」または「気の毒な人」。実際に大学の後輩で女性作曲家の人が、音という音全てが楽譜で聴こえて辛い、といっていますが、本当にお気の毒……。微妙な周波数も全て楽譜にできる音にアジャストしなければならず、それを寝ているとき以外、頭が勝手にしてしまうのでしょうね。とにかく必要のないことだし、心にゆとりが持てたら、この女性も苦しまなくてすむと思います。

絶対音感があると思っている人のコメントで「音の悪い人の音楽が楽しめない」というのも頂きましたが、音が悪いのは楽器とか演奏技量の問題であって、絶対音感にはなんら関係ないもの。また、絶対音程によって音楽をばっさり切る必要もなく、日本古来の音楽はオクターブに5音しかなかったし、12音でないジャンルの音楽もたくさんあります。

先日バリに遊びに行ったとき、ガムラン（民族楽器、鉄琴のような感じ）を買ってしまいました。息子がほしがったので、手持ちで持ち帰れる比較的小さなものでした。結局私がたたきまくっています。鍵盤は6個で、どれも絶対ピッチにはない音。でも、お香をたたくなるような神秘的な音ですごく楽しいんです。これを「絶対音感があるから気持ち悪い」なんていう人は間違った形で絶対音感を身につけてしまった残念な人だと思います。

e-womanのサーベイによせられた意見の中にこんなのがありました。絶対音感のある子におじいちゃんが質問。「犬は？」「わんわん」。「猫は？」「にゃあにゃあ」。「じゃ、車は？」ここでおじいちゃんは「ぶうぶう」という答えを期待したのですが、「ラ～ラ～」と答えたそうです。その男の子はうるさいとか邪魔なものだとは思わずに素直な気持ちで答えたのです。それを、大人になるとなんで批判的に捉えるようになっちゃうんでしょうね？

ただ、私も絶対音感があったために多少苦労した経験はあります。それは、小学校の音楽の授業で初めて遭遇した、「移動度」です。私にとって、音楽音の全てがソとかド＃と言いながら鳴っているのに対し、移動度というのは、ト（ソ）長調はソの音をドと読む不思議な世界。普段ソラシドレミファ＃ソ、と思っている音階がドレミファソラシドになっているわけですから、ややこしくて仕方ありませんでした。それまで、大得意だった音楽の授業が急に遠い感じになってしまったのです。それでも結局は、ドの場所をずらすことはとても数学的で、私はゲームの感覚であっという間にこの移動度もおもしろがって習得したようです。

最近、歌手の麻倉未稀さんとのコラボのために、レパートリーをそれぞれどんなキーにするか彼女とリハーサルしました。そのとき、この移動度の理解がとっても役に立っています。半音上げたり下げたり、または市販の楽譜よりずっと低い調で弾いてみたりするのは、同じ曲でも高低を自在に変えられる移動度感覚によるものです。学校の音楽の移動度ですごく苦労したという方はとても多いようです。もし、音楽の先生が移動度のコツと利便性をちゃんと教えてくれたら、ちっとも絶対音感が邪魔にならず移動度を自分なりに便利に使えると思うのですが……。

誰にでも音感は身につけられる

ところで、絶対音感は子供の頃一度つけてしまったら永久的なものなのでしょうか？　これは私の経験からNoと言えます。

私がハンガリー国立リスト音楽院で勉強した時、市内でたったひとりしかいない調律師が旅行に出てしまい、ピッチがどんどん下がっていくピアノを一ヶ月あまり練習したことがあります。ちょうど、先生も休み中でレッスンもなく、あまりに寒かったので演奏会へも出かけず、ひたすら練習していました。ピッチの狂いは初めの頃本当に気持ち悪かったのですが、自分では調律を直せないので仕方がなかったのです。毎日何時間もその狂ったピアノで練習し続けました。そんなある日、チケットを入手していた高名ピアニストのピアノリサイタルを聴きに行って、いつも聴きなれている曲が違う調で聴こえるのです。自分の絶対音感が狂ってしまったことがわかり愕然としました。すごくショックを受け、その日から家のピアノは触らず学校のピアノで練習をして、調律師の帰りを待ったのでした。けれど、ピアノが正しく調律されると、その後ほんの五時間弾いただけで、すっかりと絶対音感が戻ったのです。失うのは数日かかりますが、いったん身につけたら、絶対音感が狂っても取り返すのは早いと実感しました。

絶対音感はなくても、音楽性になんの影響もない、と申してきましたが、私にはあってよかったと思う瞬間もあります。それは、それぞれの調のかもしだす微妙な味わいを楽しんだり、表現するときです。移動度というのは、どんな音を主音（ド）にしても、つまりト長調でもイ長調でも全く同じ曲を奏でられるのですが、実はそれぞれの調に異なる色があるのです。たとえばト長調は明るく楽しげ。イ長調も明るいがもう少し柔らか味が加わる。変ト長調は柔らかさと主張の強さのミックス、等々。

私が大好きな調は変ニ長調です。あるときの私のリサイタルは二時間近くのレパートリーの半分以上が変ニ長調の作品でした。なぜ、そんなに好きかというと、美しく、同時に思慮深い、聡明さとエレガンスを感じる調だからです。主音はレのフラット、その上に重なる和音のかもしだすしっとりと深みのある音は、ノクターンなど、うっとりとする曲想にぴったり合うのです。自分が演奏するときに「変ニ長調」というだけで、どんな演奏が最高の響きになるか、イメージがわきます。その同じ曲をハ長調で弾くと、なんともちょろい感じでガクっとずっこけます。もちろん、ハ長調にぴったりくる楽想もあって、ハ長調だからずっこけるわけではないのですが。ともあれ、私は演奏家だからそこまで掘り下げますが、一般の音楽愛好家や楽器を演奏する人にそこまで掘り下げる必要はないかもしれません。

この本のためにインタビューさせていただいた古荘先生はショパンがお好きでよく聴くそうですが、「冬になると変ロ長調や嬰ハ単調が聴きたくなる」とおもしろいコメントをしました。どちらもフラットやシャープに特徴のある調です。彼は絶対音感はないそうですが、潜在的な絶対音感が備わっているのではないでしょうか。だからハ長調には出ない、変ロ長調の深くて温かい響きを心から楽しめるのです。聞けば、子供の頃ピアノを習っていたそうです。「専門家になるわけではないので、先生も自由にさせてくれたけど、本当にものにならずにやめてしまいました」とのこと。それでも小さい頃に調律がぴったり合っているピアノを弾くことによって、その能力が身についたのだと思います。しかし、楽譜を読むのが大嫌いだったとのことですから、鳴っている音の名前をすんなりと答えられるわけではありません。感覚として変ロのもつ独特の味わいを堪能できているのです。やはりピアノは万能楽器であり、楽器の中でも最短で音感を身につけることができる素晴らしい楽器ですね。

この例のほかにも調の微妙な色合いを理解して作品を楽しんでいる方がたくさんいます。つまり絶対音感がなくても、各々の調のもつ味わいや特徴を感じることができる人もいるのです。絶対音感があれば、調の特徴をかなりはっきりと捉えることが出来ますが、なくても感じる人がいる。だから音の味わいを聴く耳をもっていたら絶対音感は必要ないのかもしれません。音楽の基礎的な理解と音感と多大なる才能があれば、絶対音感がなくても素晴らしいアーティストとして最高の音楽を奏でられるのでしょう。

絶対音感がどうしてもほしいなら、幼少の頃に音楽を聴く耳を確立し、楽譜と関連付け、さらに自分の声でその音を出す練習をすること。その何かが欠けても、取得することが難しいことを述べてきました。ただし、音感は大人になってからでも、有効な訓練でかなり身につけることができるようです。

私が偶然見たテレビ番組で完全に音痴といわれている四人の大人を歌の先生が特訓して、カラオケで大逆転させるというものがありました。

特訓といっても、ものすごく特殊なことをしたわけでなく、歌うときに自分で出した声を控えめに（弱く）して、実際の音と較べて聴く、という単純なものでした。そして、一ヶ月がたった頃、伴奏のカラオケと自分の声のずれを全員がちゃんとアジャストして、音程どおり歌えるようになったのです。この方々はおそらくそれまでの人生の中で、楽譜と歌と音楽の相関性に触れる機会に恵まれなかったのだと思います。しかし、音痴といわれる人が、大人になってからでも相対的な音感を身につけることができるという大変勇気づけられる事実でありました。大人になるとそれ以上の感性の伸びはないのかと思っていましたが、いくつになっても、人間の感性というのは成長できるという意味でも、とても嬉しい結果でした。

それにしても（余談ですが）嬰ハ短調とか変ホ長調なんて、ややこしいったらありません。それだけで音楽の授業が嫌いになりそうです。今時「ハニホヘトイロハ」なんて時代錯誤。Bフラットって言ったほうがずっとわかりやすいし、世界で通用します。外国の方とセッションなどする機会があったらABCで調を言えたらすぐわかりあえます。近い将来、音楽の教科書からハニホが消えて、ドレミとABCになるよう祈らずにはいられません。

第7章

私が受けた音感教育

ピアノが好きでたまらなかった

私が生後間もなく暮らしていたブリティッシュ香港には現在ほどたくさん高層ビルが建っていなくて、香港独特の帆船が湾に浮かんでいるのが丘の住宅地からもよく見えました。その頃まだ、日本人でパスポートをもっている人が少ない時代でしたから、若かった母には色々苦労が多かったと思います。母は結婚するまで日本航空第十期のスチュワーデスをしていましたので、外国に初めて行くというわけではありませんでした。母のスチュワーデス時代の飛行機は4プロペラで、ハワイに行くまでにWAKE島で給油し、二日がかりだったそうです。また、サンフランシスコ就航第一便にも乗務しました。ハワイで二日ですからそのときはいったい何日かかっていたんでしょうね。

そんな母でも、外国で生活するのは初めて。その頃の香港は二、三の裕福な香港人を除いてイギリス人社会と現地の方の暮らしがはっきりと分かれていました。日本人はイギリス社会で生活することが許されていて、私も二歳でイギリスの保育園に入園しました。母は慣れない外国にいるとはいっても、お掃除やお料理、買い物などは慣れれば次第にできていくこと。日本に暮らしていたら経験してないような華やかなパーティーや社交も楽しかったようです。けれど、もっとも困ったのは病気ばかりしている小さな私の子育てだったそうです。英語を話す香港人のお医者さまDr. Soh（ソウ先生）がよく往診してくれたのを思い出します。私がお腹を壊してしまったとき、私はどうしてもチョコレートが食べたかったのですが、母はもちろん許してくれません。ドクターが帰るときに私が小さな声で“May I eat chocolates?”と恐る恐る聞いたら「少しならいい」といってくれたときの嬉しさは今でも覚えています。もっとも、母が断固としてくれませんでしたが。

私の両親、ひいては親戚中音楽家はひとりもいません。とくに音楽教育に熱心な家系では全然ありませんでした。それでも、父は音楽全般が大好きなリスナーで、独学でピアノもちょっと弾きます。当時最新だったハイファイステレオを香港で買って、毎日LPレコードをかけていました。その時に父が聴いていたのはショパンの『ノクターン』。演奏はアルトゥール・ルービンシュタインのものでした。父は常々、ノクターンの素晴らしさと、ルービンシュタインの素晴らしさを同時に口にしていました。だから、私はかなり小さいときからピアノは「聴くならショパンで、それもルービンシュタインでなければいけない」と思っていました。また、クラシックピアノにもまして父が好きだったのがスタンダードジャズのピアノトリオやビッグバンドの演奏です。買ったばかりのステレオには当時珍しかった左右ふたつのスピーカーがあり、バンド演奏の場合、トロンボーンやクラリネットのソロになると必ずどちらかのスピーカーからソロの音が鳴りました。父はひざに私を乗せて、今どちらからソロの音が出ているかを当てるクイズをしばしばしました。まだ、言葉もかたことだった小さな私も必死に耳を澄ませてクイズに正解しようと、指でこっちとかあっちとか指したそうです。

このことは私の音感の根源になっていると信じています。藝大に入学してから同級生の話を聞くと、「朝からモーツアルトの交響曲を聴かされていた」とか「一日中クラシックのレコードを聴かされていた」という人が何人かいてびっくりしたのを覚えています。そういう人は、ピアノはうまいかもしれないけど、なぜかガリガリ型で演奏に魅力のない人が多かったのは意外でしたが、ここにもひとつのポイントがあります。つまり、私の父は自分が大好きな音楽を嬉しそうに楽しそうに私に聴かせたので、私の中に自然に楽しんで音を聴く姿勢ができあがったのだと思います。「子供の教育のために！」「早いうちに音感をつけさせよう」と親がぴりぴりしていると、音は聴き分けられても肝心の音を楽しむ感覚が欠如するのだと思うのです。

「音楽」という文字を見れば、誰でも意味を理解できますよね。親が好きでもないのに、教育のためだからと、意地になってクラシックを子供に聴かせても、根本的な才能として根づかないと思います。もちろん、出だしはそんなふうでも、成長して自分から音楽を楽しめるようになれば、まったく問題はないと思います。しかし、大学生、しかも藝大に入学してくる頃、まだまだ頭でっかちなガリガリ型がたくさんいます。卒業して、色々苦労もして、ある時に目から鱗が落ちた人はラッキー！　基礎もあり、感性豊かなアーティストに成長した同業者がたくさんいます。一方、いまだに、つまらない演奏から抜け出せない人も多々いることは残念なことです。

私の場合、両親が音楽を純粋に楽しむ人間であったことは、本当に良かったと思っています。前にも書きましたように、母も音楽が好きで、現地のママさんコーラスグループに入っていました。生まれたときから子守唄や童謡をよく歌ってくれました。特に、夜寝るときには必ず歌声を聴かせながら、寝かせたと聞きます。私はその中の曲を覚えて、一歳くらいから歌っていたとも聞きます。「やまだのかかし」という歌は「やまだっ、な〜〜か、いっぽ

〜あし、か〜かし」までワンフレーズ歌って、途中を飛ばして急に最後の歌詞の「かかし」でいつも終わってしまったとのこと。母は私の歌があまりにも音程がなくて途中をすっとばすので「この子は音痴かも」と心配したそうです。しかし、一歳で聴いた曲をリフレインし、特徴的な所だけつかんでいたことのほうが客観的に見てずっと大切だと思います。その意味で私の中には自然に歌があふれていたのでしょう。

母は当時、今では想像もつかない（失礼）、美しいソプラノの声で、コーラスのソロにも抜擢されていました。また、発表会に向けてよく練習していましたが、メイドに私を預けるのが心配で、その練習にしばしば連れて行きました。

小さな子供が一時間半もじっと座って音楽を聴いているのは大変なことだったはずですが、私はいつもじっと聴いていたといいます。そして、ほとんどの曲を暗譜してしまったそうです。二歳になった頃、有名な『花』という曲が母のコーラスグループのレパートリーのひとつでした。「春のうららの隅田川」という歌詞で始まる名曲です。コーラスの練習に連れて行かれた私はすっかりその歌を覚えてしまったそうです。そして、母に歌ってもらいたくて「ねえねえ、ママ、『ハルのうら〜ら〜』歌って」とねだったとのこと。『花』という題名を知らない私は音の語感で「うら〜ら〜」と、勝手に命名してしまったのです。

今、自分に息子ができてわかったのですが、とにかく同じ曲を「繰り返し聴く」ことは、音感を育てる一番の基本なのです。「生まれたときから天然の天才という人はひとりもいない」とはいいきれませんが、そんな人は現実にはほとんど皆無です。天才とは、得意なジャンルでの繰り返しの経験から才能が育ったものだと思います。私は音楽のことしかわかりませんが、ゴルフでもバレエでも、世界トップの方々は小さいときから、繰り返し、繰り返し同じことを何度もした、といいます。嫌いなものを繰り返しさせられたら、それは大変な苦痛になってしまいます。おそらく彼らは我慢強く、しかもそれが好きだから繰り返すことができたのでしょう。音楽の場合、まだ自我が少ない乳幼児、そして胎児に繰り返し良い音を聴かせることがすべての始まりです。それ以外に音感を伸ばす方法はありません。

当時ピアノは大変高価でした。母の時代にまで遡ると、ピアノ一台と家一軒が同じくらいの値段だったとか。今の価値で五千万円くらいでしょうか。

実は母はピアノが大好きです。母の叔母が神戸女学院のピアノ科を卒業していて、叔父叔母の家にピアノがあったそうです。叔母の家に行くたびにピアノがほしいと思ったといいます。しかし、戦争をはさんで育った母の時代にピアノを買うなど不可能でした。それでも、紙鍵盤で一生懸命練習して叔母に教えてもらったそうです。しかしレッスンのときだけ本物のピアノで、普段は紙で練習することには限界があります。そして、何よりも母は、音楽は大好きだけれど育つときに聴く機会があまりなく、音感というものがなんなのか理解することができませんでした。ピアノを弾くことへの憧れが大変強かったのです。また、もともとスチュワーデスをしていた働く女性として、「これからの女性は何か手に職があるほうが良い。それも、見た目に美しく人から尊敬される職業」ということで子供には絶対にピアノを習わせたい、しかもピアニストにしたいと思っていたそうです。自分が果たせなかった夢を子供に託す親御さんはたくさんいますが、母もそんなひとりでした。

さて、音楽の好きな二歳児の私は、母に連れられてよくホームパーティーにも行きました。洒落た洋服を着てよそのお宅にお邪魔したり、パーティー会場で遊ぶのが大好きでした。今でもそれは変わらず、よばれて出かけるだけではなく拙宅に知人を招くことも楽しみに加わりました。

前に触れましたように、当時、香港の裕福なご家庭にはピアノがあり、およばれしてピアノのあるお宅にうかがうと、とにかく弾きたくて仕方がなかった私はこっそり鍵盤を押してみました。あまりにも嬉しくて、色々試しているうちに、ちっとも「こっそり」ではなくなり、母に「ダメよっ」と遮られてしまいます。母にしてみれば「ピアノは高価」という思い込みがあり、小さな子供がそれを壊したりしたら大変だと思い、触らせたくなかったようです。それでも、そのお宅の人が「弾いていいわよ」といってくれると本当に嬉しそうにぽんぽんと鍵盤をたたきました。他のおもちゃや遊びには、五分もすると飽きてしまう私だったのに、ピアノに向かうと二時間近くも離れなかったといいます。

そんな私を見て、母は「この子は本当にピアノが好きなんだ、なんとかしてあげたい」と思ったそうです。しかし、香港は高温多湿。ましてやいずれ日本に帰国するときにピアノを運ぶのは現在と違ってとても大変なことでした。一方、私はピアノ演奏（?）の機会を色々なお宅で重ねるたびに「ピアノ買って」「ピアノ買って」と涙目でうったえたそうです。

それで、「日本に帰ったら買ってあげるからね」「いつ帰るの、今日帰る!」という会話が何度もありました。結局六歳近くまで香港に暮らし、音楽に触れながらもピアノにはあまり触れないまま父の任期が終わり日本へ帰国しました。

ピアノの先生選びはとても大切

日本に戻ると、今では有名になった東京の代官山（当時は誰も知らない静かな所）に住むことになりました。日本の小学校受験はすべて終わってしまっていたあとで、インターナショナルスクールという選択肢もありましたが、なんと家から五十メートルのところに、渋谷区立長谷戸小学校がありました。「こんな便利なところに学校があるんだから、そこにしよう」ということになり、入学。しかし、すっかりイギリス人と化してしまっていた私は、さっそく変人と見なされ結構いじめられました。もっとも、花がたくさんついたフランス製の帽子をかぶっていったり、腕時計をつけていったりして、生意気に見えるのは当然。その上自分の主張ははっきりとするので嫌われてしまいました。

父が半年遅れての帰国となり、肝心のピアノはなかなか買ってもらえません。私はその頃、学校が合わなくて朝必ず腹痛を起こしていました。しかし、母は、約束したのにピアノを買ってあげられないからだと思い込み、母の実家の父親に頼みました。やっと私はピアノを買ってもらいました。もちろん、グランドピアノではなくてアップライト、縦型のものです。ピアノが到着する日には待ちきれなくて、何度も母に「まだ来ないの？」と聞いてうるさがられました。

やっとピアノが家に運び込まれて、本当に嬉しくて仕方がなくて、あれこれ音を出して遊んだのはいうまでもありません。母はとにかく優秀なピアノの先生を見つけて、ピアニストへの道筋をたてようと考えていました。しかし、何しろ音楽家の知り合いが皆無でつてがありません。

そこへ、まだ香港にいる父からピアノの先生の情報が入ったのです。けれど、これが後の私の悪夢になろうとは全く思いもよりませんでした。

先生のお宅は原宿にあり、ニコニコした金縁めがねのおばあさんが出てきました。聞けば父の母、つまり私の祖母の女学校の同級生とのこと。その女学校から藝大に進み、ドイツに留学していたとのことです。これだけ聞くと、実力がありそうですが、当時ピアノを持っている人がほんの一部の裕福な家庭に限られていましたから、ピアノを弾ける人の数が圧倒的にすくなかったのです。ですから必ずしも、素晴らしい才能だから留学までしたとは限らなかったのです。

　この先生はいわゆる大先生として「小さな子供は教えない」とおっしゃり、弟子の先生に紹介されてピアノのレッスンが始まりました。今思うと、この弟子の先生の指導は素晴らしくて、私もとても飲み込みが早く、私より先に始めていたお子さんをぐんぐん追い抜いて、あっという間に当時の教則本の定番だったバイエルを二冊終えてしまいました。音を聴く力も自然に身について、始めて一年足らずで絶対音感を持っていました。絶対音感については第6章で詳しく書きましたが、音を聴いてそれが何の音かあてるという訓練は特にしていませんでした。しかし、毎週のレッスンで楽譜を読むこと、音を聴いて弾くこと、弾いた音と一緒にドレミで歌うこと、この三つの単純なレッスンの基本を続けていくうちに自然に絶対音感がついたのです。

　ピアノを始めて一年たったときに、弟子の先生と大先生の合同発表会があり出演しました。そのとき、私はかなり良い演奏をしたらしいのです。つまり、たった一年で他のお子さんたちの三〜四年分の進歩があったといいます。それで、大先生はこれなら自分が教えたいと思ったのか、弟子の先生をやめて大先生のところに伺うことになりました。普通ならよい話なのですが、ここから私の最大の苦労が始まります。

といっても、この先生は人間的に大変温かい方で、怒ったり厳しくしたりというレッスンはまるでしませんでした。「楽しく、気持ちよくピアノを弾ける」ため一度も嫌いにならずに過ごせました。そのことには本当に感謝しています。しかし母も私も将来ピアニストを目指していたのです。先生の指導は優しいのですが、ピアノ演奏の基礎をきちんと教えなかった。平たく言うと肝心の指導の中身がわりといい加減だったのです。普通にアマチュアとしてピアノが弾けるようになるには良いのかもしれませんが、プロを育てる実力はありませんでした。後に私が苦労して藝大に入ったとき、同級生の話からわかったことは、才能がある子は七歳くらいまでにプロを育てられる先生について基礎をしっかりたたきこまなければいけないということでした。

そんなことは何も知らず、レッスンに伺っても、先生はレッスン時間の半分以上も祖母がらみの話や、世間話で母とおしゃべりしていました。母は心の中では「話をやめてレッスンしてほしい」と思っても、口に出してはいえず、私もピアノの前に座ったまま「早く、おしゃべり終わらないかなあ、もっと弾きたいのに」と毎回思っていました。

ある日、母がNHK教育テレビの「ピアノのおけいこ」で出演生徒のオーディションがあることを知りました。日本一のピアニストで藝大の教授であった、田村宏先生が講師でした。

こっそり受験してしまえばよかったのかもしれませんが、一応大先生に相談してみました。するとと彼女は頭から湯気を出さんばかりに「あんなのは最低だ。スパルタで教えていて、音楽家としての器量が損なわれる」他、悪口の羅列。とても、受験したいとはいえなかったそうです。もちろん田村宏先生は本当に立派な方で、弟子からは日本を代表するピアニストがたくさん輩出されています。私がピアニストになってから、あるコンクールの審査員を依頼されたとき、田村先生が審査委員長でした。私が昔こんなことがあった、と申し上げたら笑っていらっしゃいました。「でも、先生の生徒さんは本当に優秀なピアニストがたくさんいらっしゃいますよね」と申し上げたら、「いやいや、僕は何にもしてないけど、生徒が勝手に才能を伸ばしたんだよ」と謙遜されていました。

子供のとき、田村先生とご縁があればいまだに苦労しているいくつかのテクニックの問題はなかったかもしれない、と思うこともあります。が、「たら、れば」をいって落ち込んでいてもうまくなるわけではありません。

さて、大先生の言葉を信じてさらに三年ほどレッスンに通うあいだに、演奏曲目だけはどんどん難易度が高くなっていきました。私は「譜読み」といって、初めて見た楽譜をすぐにピアノで弾くことが大変得意だったのと、指が非常に早く動くことで先生が次々と難しい曲を取り上げたのです。

　五年生の頃、ヤマハが通常の音楽教室とは別に特別に才能のある子を育てる目的で「アドバンストコース」というのを始めました。今度こそ母はこっそりオーディションを受験させました。そのオーディションの一環で聴音の試験がありました。メロディーや和音を聴いて五線紙に書き留める試験です。私はほぼ完璧な答案を出したのですが、面接のときに試験官が驚いたようにいいました。「いや、とにかく音もリズムも全てわかっているのに、書き方がめちゃくちゃで、こんなお子さんは見たことがないです。今までに、聴音をやったことはあるんですよね?」と聞かれました。私が「初めてです」、と答えるとすごくびっくりしていたのを覚えています。プロを目指す子は五年生で聴音を勉強しているのは当たり前でそれがちゃんとできる。または、勉強しているのに才能があまりなくて聴音が苦手。普通このどちらかです。私は音を聴き取る能力は高かったのに聴音という基礎をまったく大先生から教えてもらっていなかったのです。なぜ、試験官がそのことをわかったのかといいますと、普通、聴音では初めに「4分の4拍子、単旋律、ヘ短調、12小節」などのインフォメーションが与えられます。それで、生徒は五線紙の一段を4小節に分けて3段作り、初めにト音記号とフラット4つ(ヘ短調)を書いて準備する。そして音が出始めるのを待つわけです。私はそれをぼーっと聞いていて、何もしなかった。だから、曲が始まったら、すごいスピードで書くのだけれど、小節の配分はめちゃくちゃで、書く場所がたりなくなると勝手に段を変えたりしていたのです。普段弾いている楽譜はわかっているから、それでもリズムや音は完璧に聴き取れていますが、試験官にしてみれば、なんでこんなに書き方がぐちゃぐちゃなのか理解できなかったようです。

しかし、難関の倍率をクリアして、このコースにしばらく通いました。マリンバを使ってリズム感を養ったり、作曲の技法を勉強したり、私にとっては初めてのことばかりでしたが、もともと持っていた音感を眠りから覚ましてくれたように思います。しかし、ピアノはあいかわらず大先生のところに通いました。

この頃、母は「やはり今のピアノの先生では絶対にだめだ！」という思いを強くしていました。縁はひょんなところにあるものです。住んでいたマンションの屋上に洗濯物干し場があり、そこで、しょっちゅう顔を合わせているマダムが、藝大の声楽家を卒業されてある音楽大学の教授をしているソプラノ歌手だということがわかりました。それで、母は自分の娘が藝大のピアノ科を目指していること、そのために東京の芸術高校にまず入学したいことをその教授に伝えました。たまたま、そのマダムの同級生の妹さんがその高校のピアノの先生をしているということを聞き、母はぜひ紹介してほしいとお願いをしました。

二子玉川にある、紹介された先生のお宅に緊張しながら母とうかがったのをよく覚えています。簡単なごあいさつのあとに、モーツアルトの変奏曲を弾くと二ページで止められてしまいました。私にとってモーツアルトの曲は難なく弾ける簡単な部類だと思っていました。そのあとの先生の言葉は耳を疑うようなものでした。

「いや、びっくりしました。基礎がひとつもできていない。だいたい、間違っている音がふたつもあるわ。あなたの先生は何もいわなかったの?」

「それから、指がひどい形、ピアノの弾き方が全然わかっていないわ。ひどい癖がついてしまっている。ペダルもひどい、音と同時に踏むなんて、普通小学校三年生くらいでも音より少し遅れて踏むことくらい、ちゃんとできるのに……」

私たちの気持ちは「はあ?」という感じでした。「前の先生は私のこと天才って、すごい才能っていっていたのに? この先生は何をいっているんだろう」と。

しかし、その後に先生の口から出た言葉はもっと強烈でした。

「とにかく、ピアノで藝大は絶対に無理!」

「いいえ、なんとか頑張りますから」

「頑張ったって、こんなひどいの今から直らないわ。真っ白のキャンバスに絵を描くより、ぐちゃぐちゃの絵を直すほうがどれだけ大変か……。とにかく、私は教えられません。責任とれないから」

きついお言葉をいただきながらも、母と私は懸命に弟子入りを訴えました。たしか、「先生に見捨てられたらいくところがない」とかなんとか。

最後にしぶしぶその先生が「責任はもてないから」といいながら翌週のレッスンを承知してくれました。その場で、先生が少しレッスンをしてくれたのですが、注意された点、指の形から曲の説明まで漏らさず聞いて、私は帰宅するなりピアノに向かいました。実際に先生のいうとおりに弾いてみると、なんて良い音がするのでしょう！　楽しくなってしまう反面、「ひどい癖は直らないのかな？」という不安もあり、珍しく毎日練習しました。

二回目のレッスンで、私はまた先生から悲観的な言葉がたくさん出るのかと覚悟していましたら、意外と「あら、思ったほど悪くないわね。うーん、これなら希望の高校に間に合うかも」とのことで、本格的に入門し高校受験に向けてレッスンが始まりました。

すでに書いたように私は現在、ピアノを教えていませんが、高校生の時にピアノ教師のアルバイトとしてレッスンを始めて、三十三歳で音楽大学の講師をやめるまで、かなりの数の生徒を教えていました。その経験から、「飲み込みの良い子・悪い子」というのがピアノの上達に欠かせないポイントであると確信していました。お習字や他の習い事は、飲み込みが悪くても繰り返しすることで、上達が望めると思います。しかし、ピアノとヴァイオリンでレベルを上げていくには、飲み込みの良い子、つまり、一度聞いて理解し実行できる子、が必須条件です。私の世代からさらにひと時代前のピアノ教授たちは、二度同じことを注意させた生徒をぶん殴っていた、とのこと。一度の注意で完璧にできなければなりません。演奏家は厳しい茨の道。飲み込みが早いうえに何時間も練習に耐えられる（ガリ勉もできる）人のみが演奏家になれるのです。

その頃の私は、まず基礎からやりなおさなければならない状態でしたが、今思うと、とても飲み込みが早くて、先生が想像したよりはるかに進歩が早かったのです。といっても本人はとにかく悪い癖を取り去る練習が苦しくて辛くて仕方ありませんでしたが。

歌うことで身につく音感

ひとつ道が開けると、少しずつ幅が広がるもの。新しい先生からピアノ以外の音楽基礎科目の先生を紹介されて通うことになりました。その第一はまず読譜。これは楽譜を見て正確に歌ったり弾いたりする訓練です。私たちの世界では「初見」といって、たとえば今まで見たことがない楽譜を一分間黙読して、間違えずにすぐ弾く練習があります。大学入試にはこの「初見」のテストがあります。それから「聴音」はピアノや他の楽器で流れてきたメロディーを正確に書き留める試験。それも、単なるメロディーではなく和音がついていたり、2声、3声など重なり合ったメロディーを一度に楽譜に書き留めることもあります。通常、一曲を何小節かずつに分けて同じところを三～五回くらい弾いてくれます。決められた回数と時間内に楽譜が完成しなかったり、音が間違っていたりすると点が低くなります。この初見と聴音の他に「ソルフェージュ」というのがあり、その基本となるのが、楽譜を正確に歌うことです。いくつかの教則本がありますが、時代によって使用する教材が変わります。私たちの頃はコーリューブンゲンとか、コンコーネ、ダンノーゼルという教則本をよく使っていました。そういえば母は専門家でもないのによくコンコーネを歌っていました。歌のメロディーに素敵なピアノ伴奏がついていたので、小学校二年生くらいからは私がたまに母の伴奏をしていました。

実は楽器の専攻の人は歌が苦手な場合が結構多いのです。しかしながらソルフェージュは必須基礎科目で音程・リズムを完璧に歌う練習は欠かせません。

ソルフェージュの大切さは意外な方からもうかがいました。歌手の岩崎宏美さん。日本の歌謡界でも、歌唱力の高さを認められていて、岩崎さんの歌は本当に安心してその魅力を楽しめます。あるパーティーでお隣の席になり、楽しくお話させて頂いたとき、歌謡曲の歌の先生として高名な松田トシ先生の門下生だったことを聞きました。「松田先生の所で、コーリューブンゲンとか、コンコーネなんかもやったのよ。でも私はそれがあまり好きでなくて、いつもいやだなあといっていたの。そうしたら、松田先生が『今やっておけばいつかきっと役立っているとわかるときが来るから我慢しなさい』っておっしゃたの」「あ、それでそんなに音程が素晴らしいんですね」と私がいったら謙遜なさりながらも「そのせいかどうかはわからないけど……きっとやってよかったのだと思うわ」とのこと。彼女は実力派の人気歌手になりましたが、同じコンコーネをやっていた私は今でも歌、特にカラオケが下手くそ。夫には人前で歌うな、といわれています。基礎さえやっていればうまくなるわけではありませんが、岩崎さんは基礎をきちんと身につけて、それと同時に本人が持っている才能をのばせたのではないでしょうか。

さて、ピアノもヴァイオリンも楽器が自分の体とほんの少しはなれた所にありますが、声は自分の中で響きます。その声を使って音感を育てるのが一番よく身につきます。だから、歌が嫌いな人でも音楽家になるためには自分で歌う練習をすることが欠かせないのです。勉強のための歌は、多くの人が想像するかもしれない歌詞つきの歌とは違い、全て書いてある音をドレミで歌うのです。そうすることによって、音程・音感・音名の認識が備わることは確信を持っていえます。ですから、胎児の頃から美しい音を聴き、乳幼児からお母さんやお父さんがたくさん歌を耳元で歌ってあげたり、三歳くらいになると自分で歌うように導いてあげたりすることが、もっとも音感が育つのにいい環境なのです。

私は残念ながら大事な小学校時代、ピアノの先生に恵まれませんでしたが、歌との出会いによりかなりの音感を身につけることができました。日本の小学校に入学して間もなく、音楽の先生から「NHK児童放送合唱団の入団試験を受けたい人は申し出てください」というアナウンスがありました。NHK児童放送合唱団（N児）はNHKの歌番組、子供向け番組にたくさん出演しており、レコーディングもする児童合唱団の最高峰でした。私は第十六期生、二期うえには小堺一機さんがいらっしゃいます。ま、小堺さんが活躍していらっしゃる理由は独自のキャラクターが素晴らしかったのであって、歌には直接関係ないかもしれませんが。N児に入団できるとテレビ・ラジオ出演ができるというのもたくさんの親子にとって魅力がありました。

私と同じ小学校からは二十人程の応募がありました。私は募集のことを知らされておらず、母は「ピアノをさせるのに、そんな余計なことをする時間はないかも」と思い、当初なにも行動を取りませんでした。しかし、二〜三十倍という相当な倍率だ、と聞き、どうせ落ちるだろうから肝試しのように受験させることを決めました。応募締め切りぎりぎりでした。音楽の先生は「岡崎ゆみちゃんは、声は高くてきれいだけど、声が細すぎるから難しいかもしれない」とおっしゃったそうです。

その頃のほかのこととの記憶はほとんどないのですが、N児入団テストの第一次試験で歌ったのは「ころすけほーほー」という歌だったことはよく覚えています。冒頭の歌詞もメロディーもいまだに覚えています。「森のふくろうが言いました。私は森の見張り役。小鹿も子リスも（だったかな？）母さんに、抱かれて夢見て寝んねしな、ころすけほーほー、ころすけほー」

ピアノを始めて急速に上達し、絶対音感が身についた頃ですので、頭の中に正確なメロディーが入っています。そして、テスト当日、一番高い音も音程を外さずにまあまあ歌えたのだと思います。

しばらくして、母から「ゆみちゃん、またNHKに行くわよ」といわれ、二次試験を受けに行くことになりました。課題曲が出されてそれを練習して行くのです。私も母も、一次試験に受かったのが嬉しくて、特に歌の先生にレッスンしてもらうなど考えも及びませんでした。準備は家で楽譜を見ながら、声に出して歌う程度でした。実は、同じ小学校から一次試験をパスしたのは私だけでした。落ちてしまった同級生の女の子から廊下にすれ違い様、「私、高い声って大嫌い」と意地悪くいわれてしまったのをよく覚えています。

ともあれ、二次試験もパスしてしまい、三次試験は初見。しかも、N児最年長のお姉さんが、別のパートを歌って、それにつられないでデュエットをするというものでした。その時点になると、受験者同士で結構顔なじみになります。お母様たちのおしゃべりを私たち母娘はすみっこで聞いていました。「○○先生のレッスンで何度もデュエットの練習をしたのに、うちの娘今日つられて音程がめちゃくちゃだったわ」「あら、○○さんも○○先生のレッスンを受けていたの？」等。歌も専門家にレッスンしてもらわないとだめなんだ、と初めて悟り、三次試験で不合格の覚悟を決めていました。

しかし、結果は合格！（なんか自慢話ばかりみたいですみません）。最後は面接試験で、それもなんとか合格し、第十六期生としてレッスンに励むことになりました。最初の一年は養成期間で歌の基礎レッスンを積みます。そこで、私は初めてコーリューブンゲンや、コンコーネに出会います。コーリューブンゲンは本当に基礎的な音程の取り方ばかりですが、コンコーネは音楽的にも素敵で楽しめる曲がたくさんあり、また母が歌っていたこともあり、とても楽しく歌うことができました。

考えてみると、週に二回必ず基礎の歌のレッスンを受けた上、養成期間を終えるとテレビやラジオ出演が入り、週の半分以上はＮＨＫに行って歌を歌っていたことになります。ＮＨＫは結構おもしろい遊び場で、今でも渋谷の放送センターの中は詳しいかもしれません。合唱は音程がぴったり合わないと全体がゆがんでしまうため、先生もかなりその点では厳しかったと記憶しています。

音感を育むもっとも有効な方法は「楽譜を理解しながら旋律をドレミで歌うこと」ですから、ＮＨＫでの毎日によって私はより確かな音感をつけることができたのだと思います。

しかし、この合唱団から有名な歌手は出ていません。声楽の同級生に聞くと「一度合唱団に入ってしまうと、みんな同じように歌う癖がついて、強烈な個性などが埋もれてしまう」とのこと。埋もれた個性が引き出せなくて苦しむのは、私のようにピアノで一度ついてしまったひどい癖を直すことで苦しむのと似ているのでしょうね。

Ｎ児は六年生のとき、ピアノに集中するためにやめてしまいましたが、「歌う」「聴く」をＮＨＫでたくさん学び、ピアノとは別に貴重な音感をつけることができました。

その後は希望の音楽高校へ進み、専門家を目指す生徒のための様々なレッスンを受けました。高校入学後は、のちに大学で担当教授となった恩師の素晴らしいレッスンを受けて念願の藝大に合格することができました。

専門家になるには小さい頃から、正しい指導を受けることが大変重要であることがおわかりいただけたでしょうか。

第8章

ピアノをうまく弾くコツ

ピアノを弾くときのチェック項目

私はピアノの演奏家であって、幼児教育、小児心理学、小児カウンセリング、音楽学などの専門家ではありません。しかし、子供を育てる母そして演奏家の立場から、お腹の中の赤ちゃんから乳幼児、子供の成長の過程でクラシック音楽に触れることが、必ず、心の発達に好影響を与えるということをお伝えしたくてこの本を書きました。

そう、私の専門はクラシックピアノです。自分の専門だから声を大にしていいます。ピアノは最高の楽器、演奏技術は楽器最高レベル、右脳・左脳とも優れていなければ弾けない楽器です。ヴァイオリンもそうであると敬意を払っていますが、ピアノだけが可能なことが多々あります。たとえば、メロディーを奏でられるのはもちろん、メロディーを右手で、伴奏を左手で（もちろん手を反対にすることも可能）演奏し、ひとりで歌手とバックバンドの役割ができてしまう。ほとんどの曲をピアノで再現ができます。それはヴァイオリンにもフルートにも歌にもできないこと。だって、ひとりでメロディーとハーモニーが奏でられるのは、ピアノとハープとせいぜいマリンバくらいなのです。その中でも、ピアノはありとあらゆる音楽が再現可能なのです。

こんなにステキなピアノなのに、なぜか習っていたのに大嫌いになったという人が少なからずいるのはとても残念なことです。それは、指導者に恵まれなかったことがほとんどの原因です。私は幸いにも一度も尊大、卑屈、ヒステリータイプの先生に合わずに今まで来ましたが、「先生が嫌味で不必要に厳しくて、ヒステリックで……etc.」、とコメントする方がたくさんいます。いやなピアノの先生に心を傷つけられたという話もよく耳にします。せっかく心を成長させる効果のあるクラシックピアノでも、そんな先生に教えられては百害あって一利なし！

まずは、ピアノを習うときの心得として、いやみばかりいっている先生、不必要に厳しくて子供がめげちゃう先生だと気がついたら、無理にレッスンを続ける必要はありません。世の中いくらでも良い先生はいるものです。私など、母がマンションの屋上の洗濯物干し場で知り合ったおばさんが、某音楽大学の教授で、「ぜひ良いピアノの先生を紹介して！」と直訴して、中学校時代に先生を代えたのですから。

というわけで、まずピアノをうまく弾くコツの第一ステップは「良いピアノの先生を選ぶ」こと。私がとにかくよく聞かれる質問ナンバーワンは「どうやって良い先生かどうか見分けるか」というものです。

この本にすでに書きましたが私は現在、自分ではピアノを教えていません。が、高校生時代のレッスンアルバイトから教え始めて、音楽大学の講師、その後も、私が主催していた「岡崎コンセルバトワール」というピアノ家庭教師派遣教室の会員さん向けのマスタークラスでレッスンした結果、合計、多分二百人を超える三歳から熟年までにピアノを教えたことになります。

各生徒さんに初めてお会いして、生徒さんがピアノを弾き始めたとき、私は必ず座っている位置といすの高さを念入りにチェックします。生徒さんが最初の音を出してから真横、後ろや斜めの角度から、本人とピアノの距離を念入りにチェックするのです。ピアノは姿勢がとても大切なのです。いくら練習を積んでも変な座り方、ピアノまでの位置が間違っている、などの原因によっていつまでも上達しなかったり、あるレベルから停滞してしまうことになります。ですから、私は初心者の方（子供も含め）にはピアノと座る場所の位置関係と姿勢に神経を遣います。

ひとたび、正しい姿勢と位置感覚を習得してしまえば、それが本人にとってもっとも演奏しやすい位置というわけですから、位置が悪くなると自ずから気がつきます。それはとっても重要なことで、自分で姿勢・位置が間違っていると気がつくには、もっとも心地よい位置を最初に体得してしまうことなのです。そして、もっとも心地よい位置を決めるには、初めのうちに先生が何度でもしっかりとアジャストしていく必要があります。

ですから、初めてのレッスンで先生が生徒さんの姿勢、座り方をまるでチェックせず、無関心なようでしたら、「この先生大丈夫かしら?」と疑ってください。もしかしたら、完璧な座り方なので注意しなかっただけかもしれませんが……。それでも、姿勢をチェックしている気配がなければ怪しいでしょう。

【姿勢】

では、どのような座り方が理想的なのでしょうか? それは生徒さんおひとりおひとりの体型などによっても違いますし、最終的にプロになると必ずしも模範的な位置に座っている人ばかりではなくなります。けれど、私は初めの頃にはある程度模範の位置に座ることが必要だと考えます。

ピアノに座っているお子さん（大人でも）をまず真横から見てください。肘の角度が昔は90度なんていわれていましたが、それではピアノに近過ぎてしまいます。しかし、120度では遠すぎます。90度よりも鈍角で120度より鋭角の範囲内で本人が気持ちよい場所を選んでもらうのがよいかと思われます。

そのほか、肘から手にかけて、手のほうが腕より下がってしまっているときは椅子が高過ぎ、上がってしまっているときは低すぎ、ちょうど水平より、わずかに手が下がるくらいが理想です。ぜひチェックしてみてください。

【強弱】

それから、下手な演奏につきものの特徴があります。私はコンクールの審査員を頼まれることがよくあります。各地の芸術振興のために市や県が開催しているものもたくさんあります。全国アマチュアピアノコンクールというコンクールの審査員は三年間務めていました。普通ピアノコンクールは小学校の部から大人の部まで参加部門が分かれていて、予選の審査をする場合としない場合がありますが、トータルで五～六日は朝から晩まで何十人もの演奏を聴きます。結構大変な仕事ですが、私個人としては大変勉強になります。審査員はひとり五分から十分ほどの演奏を一日で七十～八十人聴くこともあり、かなりハードワーク。それで、耳はだんだん麻痺してくるから、演奏者がすごく緊張してこの日のために毎日何時間も練習していることは重々わかっているつもりでも、退屈な演奏は初めの二分を聴いて点がほぼ確定してしまう始末……。

では、退屈な演奏とは？　そのほとんどが音は間違えなくても強弱の幅が少ないことです。おそらくは指を動かすのに気をとられてしまい同じような調子で弾いてしまうのです。または、自分の思い入れがありすぎる場合。好きな曲のあまり、弾きながら曲の流れについ聴き入ってしまい、同じ大きさの音で弾いてしまうのです。

私がすすめる練習は大人でもお子さんでもできるこんな練習です。とても弱い、弱い、普通、強い、すごく強い……など一曲（一ページでもＯＫ）の音の大きさを何段階かに分けて練習しましょう。特に「とても強い」か「とても弱い」はできるだけ差をつけましょう。色々なレベルの強弱が出せるようになったら、今度は同じ曲の中で、どの部分をどんな大きさで弾くか、楽譜に書いてある記号のほかに自分の感性で考えて弾いてみてください。

ほら、もう見違えるくらい変わったでしょう？

【音色】

さて、強弱は物理的な音の差ですが、それが奏でられるようになったら、今度は人間の奥底にある感情や様々なものに対する感動を表現できるような演奏を目指します。もし、あなたが今練習している曲があれば、その曲に合うイメージの形容詞を思い浮かべてください。一曲全部が同じイメージである必要はありませんから、その部分部分で異なる形容詞を選んでもOK。「優しい」「悲しい」「元気な」「陰鬱な」「暗い」「勇敢な」「臆病な」など、考えてみるとたくさんの形容詞がありますよね。ここからここまでは「勇敢な」イメージで弾いてみよう、と自分の頭で考えて弾いてみます。自ずと弱い音ではなく、しっかりした強さで弾くはずです。これが、音色を持つ第一歩なんです。いくつかの音色が出せるようになったら、今度はわざと反対の音色で弾いてみます。「優しい」だったら「荒々しい」とか、「恐々とした」だったら「安心した」とか。同じ音の並びでもこんなに音楽が変わるのかと、驚くと思います。しかも、自分自身で弾いた曲で、これほどの差ができるとは普段なんの気なしに弾いているとわからないものです。

色々な音色が出せるようになったら、今度は自分で楽譜を見直して、ここはこんな調子で（またはイメージで）というように自分自身で本当に曲が素敵に聴こえるように構築していけば、とても豊かな表現力を備えて今までの何倍も上を行く演奏になるでしょう。

私は「指を寝かせて弾くと柔らかい音がでる」という教え方をあえてせず「優しい感じの音を出してみて」といいます。たいがいの生徒が自分から指を寝かせて弾くのを何度も経験しています。演奏技術をマニュアルで考えるのではなく、耳と体と心で最高のバランスを探し当てるように導くことを心がけています。自分でなにかを発見することは生楽器を演奏する醍醐味のひとつ。絶対にぴったりの音色を見つけられますから、ぜひトライしてみてください。

［理想的な手の形、指の使い方］

手の形や指の長さは人によって違います。だから実際にはひとりひとりの手の形・指の長さ他によって理想は少しずつ変わってきます。しかし、大きく見て陥りやすい間違いや、こんな使い方では、ほぼ理想的な音色が出せないといった共通項もあります。理想的なテクニックを身につけるにはまず先生による「偏り」がないレッスンが必要になります。クラシックといえども、その時代で演奏スタイル、テクニックとも少しずつ変化しています。あまりにも大昔に勉強された先生はやはり古めかしい演奏スタイルになってしまいます。

また、私が子供だった頃は、入門教則本は判で押したように「BAYER バイエル」でした。けれど、私が指導者の情報交換の目的もあって立ち上げたピアノ家庭教師派遣教室では教則本は色々で、その生徒さんに何がもっともあうかを、講師たちの報告書や私自身のマスタークラスで生徒さんに実際に会って、選別していました。

当スクールでの教則本は、過半数が「トンプソン」「バーナム」「バスティン」、それにフランスの教則本「メトードローズ」が少々入ります。固定の教則本への執着がある先生ですと生徒の個性はおかまいなしに、生徒全員に同じ教則本でレッスンを始めることになり、これはすでに押し付けになってしまいますし、常に勉強をしている先生はともかく、そうでない先生はいつでもどんな生徒でも、同じアイディアと教え方になってしまい、せっかくの個性を生かすことも、生徒の興味を引き出すことも難しいのではないでしょうか?

小さいうちにピアノのレッスンを始めたお子さんが陥りやすいテクニックの問題点は第一関節をへこませてしまう点です。私は、小学校時代に習っていたおばあさんの先生にそこを指摘されずにずるずると六年生まで、そうやって弾く癖がこびりついてしまい、専門家の先生に聞いてもらった瞬間に「手遅れ、ひどい癖、直らない」と断言されてしまった苦い経験があります。第一関節がへこむのはとてもよくある癖ですが、何年かあとで難易度の高い曲を弾くようになったとき、きちんとした音を出せなくなる可能性がありますので早いうちに直してあげないととてもかわいそう。私のようにすごく苦労することになります。

あまりにも小さなお子さんの場合は第一関節没矯正はなかなか難しく、そのことを矯正すると音楽がちっとも楽しくなくなってしまうという、たくさんの例があります。ですから、一番よいのは体格にもよりますが、六〜七歳で少しずつ矯正するのがいいのではないかと思います。どうするかというと、理想と思われる手の形より、少しおおげさに全ての指を曲げて、小さなおにぎりを握るような形にします。こうするとたいがいのお子さんはつめが鍵盤に当たってつるりと滑ってしまいます。そこで「つめがぎりぎりあたらないくらい、おにぎりを大きくして」と言い、徐々に良い手の形を目指します。これは根気のいるプロセスで、あっと言う間にまた第一関節がへこんでしまうので、気がついたときにその都度手で「ぐー」をつくってもらい、小さいグーからつめが当たらない程度のおにぎりグーに持っていく作業をかなりの回数繰り返さなければなりません。イメージとしては手全体がやわらかな曲線を描く感じです。関節没矯正は指導者にとってもお子さんにとっても辛い過程ですが、あとの苦労を考えると、早いうちに直してあげるのがそのお子さんのためなので、関節のへこみに気がついたら、ぜひ注意してあげてください。

もうひとつテクニック面で早めに矯正したい間違いがあります。それは親指。実はピアノを弾くときに親指はかなり大切な役目を務めます。右手においては和音の礎の音を保つことが多く、左手においてはメロディーを奏でることがたくさんあります。他の指よりも短いのでとても使いにくい指です。他の指とまったく違った奏法をします。親指の付け根を見ながら弾いてみてください。付け根の関節がへこんでいませんか？　この付け根の大きな関節はポコっと出た状態がよいのです。もしもへこんでしまっているようでしたら、次のような練習でできるだけ早い機会に直してしまってください（私は十三歳で苦労して直しました）。

片手の親指で鍵盤を押しながら、反対の人差し指を手のひら側（下側）からカギのような形にして親指と人差し指の間にひっかけます。その状態で「ドレドレ」とか「ミファミファ」を1・2の指（親指1と人差し指2）などを繰り返し弾きます。そのときに、反対の手の人差し指で親指の関節がへこまないよう、関節を出してあげるようにして引っ張りながら弾きます。注意する点は、付け根の関節を出すために第一関節が少し伸ばし気味にすることです。

もともと付け根の関節が出ているラッキーなお子さんもいますが、大人になってもへこんだままの人もたくさんいます。大人になってから直すのはものすごく苦痛です。付け根がへこんだままオクターブを弾くとしっかりと支えられなかったり、広い和音の音が均等に出なかったり、美しい音が出せません。親指の訓練としては、ピアノを離れて普段できる練習もあります。手に卵を持つような形を作って、親指で数字の8の字（または無限大マーク）を手のひらにぶつからないように描きます。何回もすばやく描く練習をすると親指の理想的な描きが得られます。

【ペダル】

最後はペダル。「ピアノのペダルって三本あるけど、どれがどうなってるの？」という質問をよく受けます。まず、一番よく使う右のペダルのことから。実はピアノの音は鍵盤を押すと同時に中に並んでいるハンマーのうち、押した音のハンマーだけが上がって、上に張ってある弦をポコンとたたくのです。そのポコンと上がるときにそれぞれの弦の上にくっついて音を止める役割をする消音器（ソルディーノ）も上がり弦を開放します。ポコンによって開放された弦が音を出すのですが、鍵盤を離したと同時に、今度は弦の上に並んでいる消音器が下がって弦を押さえ、弦の振動がとまるから音も消えるという仕組みになっています。普通に弾くとキーを離したときに音はぴたっととまってしまうのですが、右のペダルを踏むと、消音器が上がって弦から離れた状態をキープするので、手を鍵盤から離しても音は鳴ったままの状態になります。全然違うふたつの和音をペダルを踏んだまま鳴らすと、不協和音として濁った音になり、かなり汚い響きになるので、前の和音と次の和音を上手なタイミングで踏み変えなければなりません。ですから、ペダルを踏むのにはかなりの技術がいります。

クラシックのピアノで右のペダルは絶対に必要なもの。美しいメロディーをブツブツと切れないようになめらかに弾いたり、和音の響きをずっと残したりできるのはペダルのおかげなんです。ショパンは「ペダルは最大の難問だ」といったそうです。このペダルに関しても、私の小学生時代の先生は基礎的な指導をしなかったので、中学生になってから正しい踏み方に直すのにまたまた苦労しました。私が主催するレッスンクラスでは、ピアノ椅子に座って足がかかとまで地面に届くようになった年齢からペダルを少しずつ使い始めます。そのコツは、手が鍵盤を押すよりもほんのわずかに遅れてペダルを踏むことです。そのタイミングは自分の耳で聴いて、遅すぎず早すぎないぴったりの間を、体で覚えなければなりません。

ただ、「ほんの少しだけ遅れて踏んでね」というコツを覚えていれば、自分勝手に同時に踏んで汚い音になってしまうリスクは十分避けられます。ペダルを離すタイミングは実際に響いている音を離す時点ではありません。それよりわずかに遅れた次の音に移るときなのです。初めのうちは手と同時に踏んで、手は離れると同時に足も離れてしまうのですが、少し遅らせることを根気よく身につけてもらうよう、指導者や親御さんも気をつけてあげてください。

それにしても、ピアノって同時に違うことをたくさんしなければならない難関楽器。両手を別々に動かすだけだって、魔法のようにみえてしまう人もいて、その上、ペダルはタイミングをずらして踏んだり、手は押すのにペダルは放すというのですから。

早くにペダルを体得してしまったお子さんは、何も苦労なくしてペダルを使い両手別々のことができます。ピアノを弾くことによって、他の勉強では得られない、脳のある部分のかなりの発達ができていると思います。

【指の体操】

お子さんにぜひおすすめしたいのは、指のストレッチです。お風呂の中などで、指と指の間をうんと広げるだけでよいのです。ピアノの鍵盤の幅は世界共通。ヴァイオリンに較べて世界的なピアニストが出にくいのは、日本人の手の小ささが原因なのです。ロシアの大きな男性が、ふわっと鍵盤に手をのせて広い和音を奏でるのと、小さな手のピアニストが必死に広げて和音を弾くのとでは、音色に大きな差ができてしまいます。ですから、なるべく、成長期に指が広がるよう、または手が大きくなるようにストレッチすることを心からおすすめします。私はもちろん、知らなかったし、しませんでした。手が小さくて苦労してます。

私の知っている日本人女流ピアニストは身長が一五〇センチちょっと。世界の名だたるコンクールの上位に入賞し、どんな難曲ものともせず、ひとつのミスもせずバリバリと演奏します。でも、手をみたら私よりずっと大きい！　聞けば、テクニック専門の先生に小さいときからレッスンしてもらい、そこで、ストレッチも習ったとのこと。すごい！　修学旅行先にも音の出ない折りたたみ鍵盤を母親が送って練習したと話す彼女の同級生が「手が大きくなるように成長剤も飲んでたらしいよ」というのですが、ちょっといいすぎかも。

ともあれ、世界のトップを目指す人は幼少期から本格的にピアノに没頭しなければならないのですね、大変。

【先生のレッスンをやめるとき】

最後にピアノの先生がいやだったときのお断りの仕方。これは私がよく聞かれることの上位で、最近親しい友人からも質問されました。「二ヶ月やってみたんだけどどうしても子供がいやがるのでやめたいけど、なんていえばいいかしら。同級生も同じ先生に習っているから転勤なんていうわけにもいかないし」

初めにもいいましたが、先生に疑問をもったらいつまでもお世話になっている必要はありません。かといって礼儀を重んじる日本では「お断り」はとても気を遣うもの。だから「先生がいやで」やめたというニュアンスは皆さんが避けたいでしょう。

入門するときに「ピアノに興味があるかどうかやってみないとわからないから、しばらく様子を見させてほしい」と付け加えてはじめると、やめたいときに「やはりバレエ（たとえば）のほうが好きみたいで本当に申し訳ありません」といえます。

当たり障りがないのは「別のお稽古がすごく忙しくなって」ですね。言われたほうも「ピアノ以外に頑張っているものがあるなら仕方ないな」と納得できます。困るのは引き止められたとき。「別のお稽古に力を入れてかまいませんからピアノはやめないほうがいいですよ。音楽の基礎ですから」なんていわれてしまうと辛いですが、「残念ですが今はひとつのことに打ち込みたいといっていますし、私もそのほうがいいと考えましたので」など。ちなみに友人はそのとおりにいってすんなりやめられたそうです。

あとがき

この本を読んでくださった皆様、本当にありがとうございました。

とある日、お世話になっている広告代理店のYさんから「子供に向けて何か良いCDを作りたいといっているいる出版社の親友がいるんだけど」と紹介されたのがアートデイズの宮島さんでした。ちょうどその少し前に、乳幼児よりも少し上の子供たちに向けてすごく楽しいクラシックコンサートができないかと考え、お芝居仕立ての『音符物語』が完成し、初演したばかりでした。これは私のオリジナルの創作童話から脚本を書き、演出家をたてるつもりが結局自分で演出構成したもので、苦労もあったものの初演が大成功しました。生演奏の名曲をたっぷり織り込んで、アニーのミュージカルのように子供たちが楽しめるものを目標にしました。出演者はピアニストのママ、ヴァイオリニスト、ピアニストの息子、魔女の四人です。女神から魔法の音符「ゴールドノーツ」を与えられたママさんピアニストのお話で、ある日そのゴールドノーツがなくなってしまいます。息子と探しにいく旅の途中でヴァイオリニストに会い、一緒に探してもらいます。色々な曲を演奏しながら少しずつピアニストは自信を取り戻して行き、最後は見つけることができます。しかし、それは息子が女神の命を受け、ママに魔法の音符なしでもちゃんとピアノを弾けるようにするため、友達の魔女見習い（女の子の子役）に隠してもらったのでした。そして、それがわかったときママと息子はさらに深い愛で結ばれた、というお話です。

ヴァイオリニスト役は私が今日本一うまい！　と思っている若手、長原幸太さんで、演奏の卓越はもとより、せりふも立派にこなしてくれました。宮島さんはそれをCD化してくださったのです。『音符物語』のCDは元ソニーの金子哲理さんがディレクションを引き受けてくれました。ヨーヨー・マをはじめ、金子氏は世界的なアーティストのCDレコーディングも手がけていて、このCDも素晴らしい出来になりました。

その翌年、再び宮島さんから「岡崎さんの実績から子育て中のお父さんお母さんに向けて本が書けませんか」と本書の企画を頂きました。また、『音符物語』の名曲をCDにして本につけましょう、ということになりました。たくさんの素敵な人々によってCDと本ができあがったことを胸に刻みたいと思います。

さて、この本を書くのにあたり、いっときとても苦しんだ時期がありました。一ヶ月半ひと文字も書けないこともありました。専門家でも研究家でもなく、実際にたくさんの子供たちに関する実験例があるわけでもなく、私の意見ばかり書いてしまっていいのだろうか？　そんな迷いから全然書けなくなってしまったのです。そんなとき、夫は「君の経験は誰もしていないことだから、経験から書けば全然問題ないじゃないか」と励ましてくれました。おかげで、どうにか最後まで書き終えることができました。

苦しんでいる時期には私の機嫌も悪く、そのときお会いした方、電話をくれた方にはご迷惑をかけているかもしれません。感情豊かではあるけれど、コントロールが下手な私のことを我慢してくださってありがとうございます。

そして何よりも私を大切にして応援してくれている夫と息子に感謝をささげます。

二〇〇五年九月

岡崎ゆみ

付録

クラシックのCDの選び方

さて、最後に皆様から受けるもっとも多い質問についてお話させていただきます。

「今までクラシックを聴いたことなかったけれど、ぜひ聴いてみたいのですが、まずどんなCDを買ったらいいのでしょうか?」。レコード店に行ったらあまりにもクラシックのCDが多くてどこから探したらよいのか検討もつかないとおっしゃる方が多いです。

確かに、アーティスト別だったり、作曲家別だったり、それもABC順でなにがなにやらわからない!

それで、私がクラシック入門の指南をするとすれば、まず「私のお気に入り」=マイ・フェイヴァリットの一曲を作ること。どんなきっかけでもいいと思うのです。ドラマでたまたま流れていた、とか中学の授業に出てきたあの曲とか。それをお店の人に言ってみましょう。有名な曲でしたら、おそらく五~六枚の違うアーティストによるCDが出てくると思います。その中でどうやって選ぶか? 私は一番安価なものを買うことをおすすめします。クラシックのCDはワインと違って高ければよいもの、とは限りません。たくさん売れたので量販のおりに値段が下がっているものがたくさんあるのです。また、大手の会社が少なくともCD

化しているのですから、ひどいものなど滅多にありません。

そんなわけで最初の一枚を購入されましたら、あとはこの本の「クラシック早分かり」を覗いてみていただきたいのです。そしてその曲と同じ時代の作曲家の作品を聴いてみる。そこでまた好きな曲に出会える。もしくは、マイ・フェイヴァリットの一曲と同じ作曲家の他の作品のCDを買ってみます。ひとつ好きになった作曲家ですからテイストとか根底に流れているものは同じ。きっと別のフェイヴァリットが見つかると思います。あとはツウな聴き方ですが、同じ曲で違う演奏家が弾いているものをしばらくしてから買って聴き比べます。元の曲が同じなのだからたいして変わらないと思うかもしれませんが、演奏家が違うとこんなに音楽が違うのか、ときっと「違い」がとてもよくわかると思います。それは、意外な驚きであるかもしれません。ひとつのお気に入りの一枚からあれこれ広げて、そうこうしていたら、いつのまにかたくさんの好きなクラシック作品に出会えた。そんなアプローチがビギナーにはおすすめかと考えています。

もしよろしければ、私のCDもお聴きいただければ幸いです。

CD収録曲解説

最後にこの本についているCDの曲目について解説させていただきます。
せっかく本書をお買い上げくださった方に、私が推薦する私自身による演奏をぜひともお聴きいただきたいと思い、プログラム選びには時間をかけました。結果、もっとも楽器の性能が高いピアノとヴァイオリンによる作品を中心に、本書の付録CDができあがりました。お子さんに習わせたい楽器ナンバー1&2であり、妊娠中のお母様、乳児をかかえていらっしゃるご両親、また幼児を子育て中のお母様に向けて何曲かの素敵な作品をCDでお届けします。胎児から大人の万人に感動していただけるオールマイティーな選曲でもありますので、ぜひ、ご家族で、またご友人と共にお楽しみください。

私が選びましたピアノ曲はショパンとリストという、二大ピアノ音楽の巨匠の作品です。ショパンもリストも音楽史ではロマン派というジャンルに属し、ショパンは一八一〇年、リストは一八一一年生まれで、ふたりは大親友でもありました。ともに、ポーランド人、ハンガリー人でありながら、パリの社交界で絶大な人気を得ていたアーティストです。当時は

CDや、FMなんてありませんから、生演奏だけで人々を魅了しました。逆に、生演奏しか聴く機会がありませんから、どこかで素晴らしい演奏をしますと口コミで広まり、それがますますカリスマ化してしまうのでした。

ショパンの英雄ポロネーズ　作品53　一八四二年作曲　E♭メジャー

「タンタカ・タンタン・タンタン」という3拍子のポロネーズはポーランド独特の舞曲です。初めの前奏で少しずつ高揚していき、主題に入ります。メロディーもよく耳にするものでしょう。真ん中には、なんだか汽車が走っているようなダダダダという左手の繰り返しで、ますますリズムののりがよくなります。和音もたくさん重なっていてよく響きます。

ショパンの子猫のワルツ　作品34―3　一八三四年作曲　Fメジャー

右手がくるくるとワルツでまわっているような感じで、速い指の展開です。とっても楽しそうな一曲。右手に「装飾音符」といって、本来の音の前にチャラっと飾るような音があります。4部音符で6個（2小節）続くのですが、どれかわかるでしょうか？　その装飾音が「猫がじゃれているみたい」だから通称子猫のワルツ、とよばれています。

リストのラ・カンパネラ　パガニーニの主題による大練習曲より第3番　一八五一年作曲　G#マイナー

天才的なピアニストだったリストの作品はとってもテクニックが高度。ピアニスト泣かせの作品が多い中、この曲もとっても弾くのが難しい曲。当時彗星のごとく現れた大人気のヴァイオリニスト、パガニーニに強く影響されて六曲の練習曲を作曲したうちの一曲です。なのでラ・カンパネラの本当のオリジナルはパガニーニ作曲のヴァイオリン協奏曲第2番の終楽章「風のロンド」。8小節のテーマにピアノという楽器ができる色々なテクニックを変奏してあります。インパクトのある、音が細かい曲なのでお子さんが少し大きくなってからおすすめです。

エルガーの愛の挨拶　作品12　一八八八年完成　Eメジャー

イギリスの作曲家はとても少ないですが、その中で比較的知られているのがエルガーです。一番有名な曲は「威風堂々」。学校の行事の音楽にもよく使われています。大変な愛妻家で、妻が朝起きる前にこの曲を作曲したといわれています。妻が起きたら一番に聴かせようと思って「愛の挨拶」という題になりました。とっても温かくて優しさに満ちたシンプルなメロディーです。私の息子がこのメロディーに「あ〜さのあいさつ、おっはっよ。ひ〜るのあいさつ、こんにちは」と歌詞をつけて歌っていたので、またまたこの子は天才かっ！　と思ったら、NHK教育テレビ「夕方クインテット」という番組がオリジナルでした！「夕方クインテット」、かなりいい線いってます。息子は作曲の宮川彬良さんの大ファン。

クライスラーの愛の喜び&愛の悲しみ　一九一〇年出版　Cメジャー&aマイナー

「古いウィーンの舞踏歌I&II」集からそれぞれの作品。ウィーン生まれの大ヴァイオリニストのクライスラーが残した作品の中でとてもよく聴かれています。古い民謡のモチーフを使ったワルツです。「喜び」のほうは本当に生き生きとした感じで聴いていて楽しく元気になります。ヴァイオリンのメロディーで「3度の重音」という音の重なりがあり、演奏者にはとっても難しいテクニックなのだそうです。真ん中にエレガントな部分があり三分少しの曲ですがバランスのとれた完成度の高い作品です。「悲しみ」は彼が愛するウィーンを遠くで思い出すようなノスタルジックな感じ。感傷的でもあり、「喜び」と聴き比べて音楽が色々な気持ちをもつことを伝えてあげたいですね。

マスネーのタイスの瞑想曲　一八三九年完成　D♭メジャー

フランスの作曲家でこれ以外にはあまり有名な作品がありませんが、この曲は一度聴いたら忘れられない美しさに満ちています。アナトール・フランスという小説家の作品を題材にマスネーがオペラを作りました。美しい娼婦のタイスと敬虔な僧侶のアタナエルの悲恋の物語です。アタナエルに諭されて快楽の日々から神の道を進もうとするタイスの心を表す場面での一曲。叙情的なメロディーを楽しんでください。

ヨハン・シュトラウスのラデツキー行進曲　作品228　一八四八年作曲　Cメジャー

「ワルツ王」ヨハン・シュトラウスのお父さんで「ワルツの父」とよばれています。一四九曲（作品番号がついているものだけでも）のワルツを作曲し、自分もヴァイオリンとヴィオラを演奏します。ラデツキーは歴史上のヒーローの名前。シュトラウスはちょっと政治的な目的でこの曲を作りましたが、今となっては世界中で知られる名行進曲。ウィーンのニューイヤーコンサートの定番の曲で、会場のお客様もクラシックコンサートには珍しく手拍子をします。途中でFメイジャーに転調してやわらかいメロディーが表れます。このCDにはタンバリンのリズムを入れてありますが、Fメジャーの部分は初めとリズムを少し変えて細かく刻むようにしてあります。ぜひお子さんとリズム楽器などで遊びながら聴いてくださいね。

モンティのチャールダーシュ　作曲年不明

イタリア人のモンティがハンガリーにあこがれて作曲したハンガリー独特の民族舞曲を題材にしています。チゴイネルワイゼンと同じように、初めはゆっくりと歌い上げ、そのあとリズミカルな速いテンポになります。一度聴くと覚えてしまう、ノリの良い曲想です。

サラサーテのチゴイネルワイゼン　作品20　作曲年不明　Cマイナー

スペインのヴァイオリニストで作曲家のサラサーテ。『ジプシーの歌』という意味のドイツ語で、まさにハンガリージプシーの音楽に霊感を得ています。ジプシー音楽の特徴は前半に憂いを帯び哀愁に満ちた、ゆっくりのメロディーの部分があります（ラッシャンといいます）。そして、あるところから一転して激しい踊りのリズムを狂ったような速いテンポになります（フリシュカといいます）。しかも楽器の持つ可能な限りのテクニックを駆使します。情熱的でヴァイオリンのテクニック満載。ラ・カンパネラと同じように、お子さんが少し大きくなったとき、ヴァイオリンの醍醐味と情熱を感じてもらえたらいいですね。

〈参考文献〉

『井深大の胎児は天才だ』財団法人 幼児開発協会(筑摩書房)
『なぜ0歳なのか』井深大(丸善メイツ)
『幼稚園では遅すぎる』井深大(サンマーク出版)
『小児精神神経学』古荘純一(日本小児医学出版社)
『シリーズ人間の発達II 子供と音楽』梅本堯夫(東京大学出版会)
『モーツアルトを聴けば病気にならない』和合治久(KKベストセラーズ)

Special thanks to:古荘純一先生(青山学院大学文学部教育学科助教授)

岡崎ゆみ

ピアニスト。東京藝術大学卒業、同大学院修了。1983年ハンガリー政府給費留学試験に最優秀で合格し、ハンガリー国立リスト音楽院に留学。1986年朝日新聞主催第5回「新人音楽コンクール」ピアノ部門に優勝。文部大臣賞を受賞。テレビ・ラジオ番組で司会を務めるなど多方面で活躍。幼児のためのコンサート活動にも熱心で、高い実力の演奏に楽しさを加えたコンサートスタイルが人気を博している。CDは『ワルツな夜に』『0歳まえのコンサート』『子守歌』『音符物語』等。

協力　和光堂株式会社

クラシックを聴くと良い子が育つ

2005年11月10日　発行
2012年11月25日　二刷

著　者　岡崎ゆみ
装　丁　山本ミノ
発行者　宮島正洋
発行所　株式会社アートデイズ
〒160-0008 東京都新宿区三栄町17 四谷和田ビル
Tel 03-3353-2298
Fax 03-3353-5887
http://www.artdays.co.jp
印刷所　中央精版印刷株式会社

乱丁・落丁本はお取替えいたします。

わが子と心が通うとき

著者◎松本純　親業訓練インストラクター

息子との親子関係に悩み続け、ある時、ゴードン博士の「親業」と出会ってわが子と心の通い合う道を見つけた母親・松本純さんの子育て記であり、著者が親子関係を築けたその「親業」の方法を具体的に解説したこれまでにない子育て本。ADHD（注意欠陥・多動性障害）の治療で知られる医師・司馬理英子さんとの対談も収録。

推薦　聖心女子大学教授・**鈴木秀子**

松本純さんのこの本は、子供の出すSOSを受け止め、成長を助ける具体的な知恵と秘訣に満ちた画期的な子育ての書だと思います。

アテンション・プリーズ！
―賢い子を育てる『耳ことば』―

著者◎外山滋比古　お茶の水女子大学名誉教授

著者は「ことば」の先生としてよく知られているが、お茶の水女子大付属幼稚園長も務めた幼児教育の研究家でもある。

『わが子に伝える絶対語感』で大反響を呼んだが、新たに子供のためのことばの教育を提案する。

お母さんが語りかける「耳ことば」によって、頭がよく、聞き分けのよい子が育つという。これまで日本の教育では「文字」を偏重してきたが、「聴覚」重視の教育への大転換が必要だと訴える。

「耳ことば」の教育法を分かりやすく解説した実習ガイドブックでもある。

定価　1365円（税込）
発行　アートデイズ

付録CD

岡崎ゆみの「名曲CD」収録曲(10曲)

ピアノ・岡崎ゆみ
ヴァイオリン・長原幸太

① ショパン　英雄ポロネーズ

② ショパン　子猫のワルツ

③ モンティ　チャールダーシュ

④ エルガー　愛の挨拶

⑤ J.シュトラウス　ラデツキー行進曲

⑥ クライスラー　愛の悲しみ

⑦ クライスラー　愛の喜び

⑧ マスネー　タイスの瞑想曲

⑨ サラサーテ　チゴイネルワイゼン

⑩ リスト　ラ・カンパネラ